本书为哈尔滨金融学院省属高等学校基本科研业务费科研项目"法治龙江视角下对俄经贸合作法律保障措施研究"（项目编号：2018-KYYWF-024）的研究成果；为黑龙江省哲学社会科学规划项目"'龙江丝路带'建设中互联网金融与消费者权益保护的良性互动机制研究"（项目编号：16FXD02）的研究成果。

互联网金融消费者权益保护问题研究

李欣铭　著

吉林大学出版社

·长春·

图书在版编目（CIP）数据

互联网金融消费者权益保护问题研究/李欣铭著. --长春：吉林大学出版社，2019.4
ISBN 978-7-5692-6705-1

Ⅰ.①互… Ⅱ.①李… Ⅲ.①互联网络-金融法-研究-中国 ②网上交易-消费者权益保护法-研究-中国 Ⅳ.①D922.280.4 ②D923.84

中国版本图书馆 CIP 数据核字（2020）第 120534 号

书　　名	互联网金融消费者权益保护问题研究
	HULIANWANG JINRONG XIAOFEIZHE QUANYI BAOHU WENTI YANJIU
作　　者	李欣铭　著
策划编辑	黄忠杰
责任编辑	宋睿文
责任校对	刘　丹
装帧设计	周香菊
出版发行	吉林大学出版社
社　　址	长春市人民大街 4059 号
邮政编码	130021
发行电话	0431-89580028/29/21
网　　址	http://www.jlup.com.cn
电子邮箱	jdcbs@jlu.edu.cn
印　　刷	三美印刷科技（济南）有限公司
开　　本	787mm×1092mm　1/16
印　　张	7.5
字　　数	150 千字
版　　次	2019 年 4 月　第 1 版
印　　次	2019 年 4 月　第 1 次
书　　号	ISBN 978-7-5692-6705-1
定　　价	48.00 元

版权所有　翻印必究

前言

一、研究背景

2013—2015 年，北京、上海、广州、杭州、天津、南京等多地政府纷纷出台文件支持本地互联网金融的发展，在各地政府的推动下，我国互联网金融进入了一个井喷式的发展阶段。然而由于一味地追求数量，忽视质量，导致大量互联网金融企业水平参差不齐，鱼龙混杂，不乏许多不良企业借互联网金融之名进行违法犯罪活动。同时，由于法律制度与政府监管的滞后、缺失，互联网金融行业野蛮生长，盲目追求利益，以 P2P 为主的互联网金融企业一时间状况频发。针对这样的情况，2015 年中国人民银行等十部委联合发布了《关于促进互联网金融健康发展的指导意见》，其中专门提到了"互联网金融消费者保护"问题，这也是该问题第一次出现在官方文件中。这意味着互联网金融消费者的权益保护问题已经引起了有关部门的重视，完善互联网金融消费者的权益保护已经到了刻不容缓的地步，加强互联网金融消费者权益保护问题的研究不仅具有深刻的理论价值，还具有重要的现实意义。

二、研究意义

互联网金融的发展丰富了我国的金融体系，其特有的普惠金融功能使之在缓解中小企业融资难、满足群众金融需求等方面具有天然的优势。但我国互联网金融在发展初期由于立法与监管的双重缺失，大大加剧了互联网金融交易双方之间的不平等，导致互联网金融消费者的权益完全暴露在风险当中，容易遭受严重侵害。而由于互联网金融消费者人数众多，承担风险能力差，且缺乏维权手段，容易引发规模性事件，对个体造成损害的同时也影响了社会的稳定。因此，加强对互联网金融消费者合法权益的保护是我们当前急需解决的一个重要问题。"水能载舟，亦能覆舟"，互联网金融生命力的高低取决于互联网金融消费者的接纳程度，因此保护互联网金融消费者权益、提高消费体验，就是保护互联网金融本身，两者相互依存。综上所述，本书立足于互联网金融消费者的权益保护，分析互联网金融的发展现状，为我国互联网金融消费者的权益保护提出针对性的对策建议，以推动互联网金融健康发展，发挥其在金融与经济方面所具有的积极作用。

三、研究文献综述

（一）国内文献综述

第一，金融消费者的内涵与外延。例如，林越健在《金融消费者：制度渊源与法趋取向》一文中指出，消费者权益保护运动起源于20世纪30年代的市场失灵的国家干预，而金融消费者权益保护运动则是起源于20世纪60年代对金融监管的失灵，不能把金融消费者理解成是金融领域消费者的延伸。再如吕炳斌在《金融消费者保护法律制度之构建》一文中指出，我国在金融消费保护领域存在法律使用上的困境和监管制度上的缺失，我国对金融消费者的保护欠缺法律层面上的保护，规则大多数都是原则性规定，无法"落地"，金融监管长期处在"灰色地带"，我国迫切需要借鉴英美和欧盟的经验，出台符合我国国情的专门性法律制度，建立起符合我国国情的金融监管体系。在此之前，我国对消费者和投资者之间的关系和概念都还没有严格的区分，比如邢会强在《金融消费者的法律定义》一文中指出，要想对金融消费者进行一个明确的法律定义，必须充分地挖掘其起源和制度上的内涵，传统意义上的消费者是指为生活消费需要购买、使用商品、接受服务的自然人，而金融消费者消费的客体是购买、接受、使用的金融商品，其主观目的和客观行为均符合消费者的定义，应当受到消费者权益保护法的保护。和上述观点相类似的还有廖凡在《金融消费者的概念和范围：一个比较法的视角》一文中指出的，虽然消费者的概念在大家看来已经耳熟能详，并且已经得到了立法的认可，但是金融消费者与此相比仍然是一个新兴的概念。

第二，对金融消费者救济制度的研究。例如，吴弘在《金融纠纷非诉讼解决机制的借鉴与更新》一文中指出，我国必须在金融领域尽快建立起多元化的纠纷解决机制，形成一种独立运行又优势互补的纠纷解决机制，这种纠纷解决机制既要包括金融诉讼机制，同时也应当包括非诉讼解决机制，也就是金融ADR（Alternative Dispute Resolution）机制。此外，在互联网金融领域，结合互联网建立和完善线上维权纠纷解决机制已经刻不容缓，借鉴先进国家的金融领域纠纷解决机制构建的经验，结合我国基本国情，构建出适合我国的多元化纠纷解决机制。诚然，金融消费者权益保护的研究，到目前为止已经小有成就，而在互联网+的今天，互联网金融消费者的概念经常出现在媒体上，使人不禁会联想到互联网金融消费者只是单纯地将互联网和金融消费结合在一起，如果我们构建像保护金融消费者那样的制度来保护互联网金融消费者，将可能陷入理论上的误区。

第三，对互联网金融消费者的研究。互联网金融消费者作为一个新兴的概念，到目前为止能搜集到的资料并不多，最早对互联网金融消费者权益保护进行研究的是中国人民银行，研究者在文章中提到，我国互联网金融消费者法律保护方面的发展还不成熟，存在众多制度困境，如金融消费的"无边界性"，尤其是在互联网飞速发展的今天，物联网技术、区块链技术等发展迅速，互联网金融消费者的隐私保护存在问题，难以得到安全保障，如果发生纠纷，消费者举证困难，监督管理难以实施到位，立法难以得到规范和统一，各种利益集团之间存在着博弈，很难达成共识。如叶明、张亚鹏在《中国互联网金融消费者权益保护》一文中所指出的那样，与传统金融消费者相比，我国互联网金融消费者享有的知情权、信息安全保护、资产安全权等依然存在很多的"短板"，互联网金融消费者的核心概念是金融消费者。互联网只是媒介，必须准确地把握互联网金融消费者的内涵，结合英美的成功经验，构建监管环境，加强行业协会的自律，建立互联网模式下的纠纷解决机制。在互联网金融背景下，我国的金融消费者保护问题越来越突出，而现行的制度难以满足需要，正如王艳丽、戴继翔在《互联网金融消费者权益保护制度的构建》一文中指出，必须把消费者权益保护作为首要的目标来实现，为其建立一个专门的保护机构。

（二）国外文献综述

Taylor 和 Goodhart 认为完善互联网金融消费者权益法律保护，必须从监管的角度入手，只有监管机构做到内外部明确分工才能真正发挥监管的目标。泰勒的"双峰"理论指出了金融监管的目标：一是审慎监管，防止金融市场崩溃，确保金融机构稳定运行；二是保护消费者，规范金融经营者行为，防止金融机构投机取巧，保护消费者利益。美国政府通过设立消费者金融保护局，保护互联网金融消费者的法律权益，其主要体现在三个方面，即 P2P 网络借贷平台主要是通过严格的信用评级制度对互联网金融消费者进行保护；第三方支付平台主要是通过法令的形式，严格地限制不公平交易条款以及格式条款在交易中的运用来实现的；网络众筹平台主要是通过法令的形式对符合标准的融资者进行豁免，降低准入门槛，节约融资者的交易成本。英国政府主要通过设立金融监管局（Financial Service Authority，简称 FSA）和金融行为监管局（Financial Conduct Authority，简称 FCA），分别对金融市场和消费者进行监管，也主要体现在三个方面，即 P2P 网络借贷平台主要是通过信用评级制度，以及通过行业协会组织的自律以及 FSA 和 FCA 的双金融监管模式对互联网金融消费者进行保护；第三方支付平台通过判例的形式对经营者的不公平条款、免责的格式条款进行无效确认，加强行业内部的监督规则。英国政府的金融行为监管局（FCA）通过颁布条例对网络众筹平台提出监管要求，要求网络众筹平台必须履行关键信息披露义务以及强制报备的义务。虽然国外有第三方支付机构、P2P网络借贷机构和网络众筹机构，但是并没有"互联网金融"的概念，而且也没有提出任何关于互联网金融消费者权益法律保护的理论，只是散见于一些规范性文件中。

四、国外互联网金融消费者权益保护现状

美国从改善监管方面入手来进行互联网金融消费者权益保护。2009年，"全面整改金融体系监管"计划由时任美国总统的奥巴马提出，在此背景下，金融服务监督管理委员会正式成立，该委员会将降低金融系统性风险作为主要职责。此外，美国还设立了消费者金融保护局，来避免金融消费者受到不平等对待和金融消费欺诈。从那时起，美国通过降低消费者风险实现了权利保护，其金融监管系统和消费者金融保护系统日趋成熟。作为判例法国家，美国还通过一些典型案例推动了对互联网金融消费者权益的保护，加利福尼亚法院在审理案件过程中坚持了有利于互联网金融消费者的解释，这也极大地推动了倾斜保护原则的运用。

英国的互联网金融消费者权益保护制度得到明显的改善，其情况具体如下：互联网金融以股权众筹、产品众筹、P2P网贷以及票据融资的形式兴起，这在英国被称为"替代性金融（Alternative Finance）"。在英国，互联网金融发展得非常迅速，金融危机爆发前似乎并没有看出它的优势，但在金融危机爆发后，互联网金融受到了相当程度的欢迎，尤其是在中小企业，这是因为互联网金融解决了传统金融融资方式在危机爆发后无法继续发展甚至濒临崩溃的困境。自此，互联网金融为英国完善互联网金融消费者权益保护立法制度并摆脱次贷危机提供了契机。作为传统的资本主义强国，英国出台的《银行营运守则》对金融消费者权益保护进一步作出了规定，其主要目的在于维护金融消费者权益及平衡金融主体关系，该守则在英国金融界拥有引领地位。除此之外，英国还颁布了《金融服务和市场法案》，该法案首次界定了何为金融消费者，并规定需建立英国金融服务监督局，以此进行统一监管的要求，由此可以看出，英国也从金融监管方面直接维护了金融消费者的权益。英国著名经济学家Taylor提出了在法学与经济学等领域都引起极大轰动的"双峰"理论。在他看来，金融监管需要具备两大核心要素：第一个核心要素是必须实施一直以来各国所坚持的审慎监管原则，一方面是为了金融运行环境的稳健与金融体系的稳定，另一方面的目的则在于预防金融市场危机及一些潜在的系统性风险；第二个核心要素是保护金融消费者权益，进一步讲，就是金融监管需要围绕金融消费者权益来展开，使金融消费者不仅能被公平对待，而且能减少被欺诈的可能，因此必须约束经营者的经营行为。另外，Taylor认为在这两个核心因素的基础上，为了实现分类别专业化监管的目的，还应建立两个拥有不同职能的监管机构，这样的监督模式对各个国家尤其是目前的我国都具有极大的借鉴意义。

日本在保护金融消费者权益方面，主要是通过要求金融机构履行各种义务的方法来间接保护金融消费者权益的。该种方法具体表现为，将互联网金融机构应当履行的义务写入相关的政策法规，如不履行则会承担相应的法律责任，以此规范金融企业的行为，进而保护了金融消费者的利益。虽然这种方法能起到一定的作用，但却无法做到对所有金融消费者的利益进行保护，因此在金融改革过程中，为打破金融行业之间的界限，日本先后颁布了一系列法规，以这种形式对诸多金融商品及服务作出了相应的约束，推翻了过去的纵向行业监管模式。这种做法就是通过新思想的指导来进行的，不仅要在主体上建立横向性、整体性的法律制度，还要尽力防止各个法律之间所造成的冲突而导致的金融保护缺陷，进而通过法律制度强化了对金融消费者权益的保护。目前，日本正在向具有综合金融服务法的方向上转变，并且也初步获得了阶段性的成效。此外，日本也通过效仿英国金融体制，制定了《金融服务与市场法》,试图通过立法的方式来增加金融方面的法律对金融消费者权益的保护。日本在此部法律中还专门为互联网金融罗列出单独的法律规定,来探索保护互联网金融消费者的新路径。

作者

2019 年 12 月

目录

第一章　互联网金融消费者的内涵和保护原理/1

第二章　互联网金融概况/6

第三章　金融消费者权益保护概况/33

第四章　互联网金融平台现状及防范措施
　　　　——依托对黑龙江省的调研/43

第五章　互联网金融消费者面临的主要问题及权益保护现状
　　　　——依托对黑龙江省的调研/59

第六章　互联网金融消费者权益受侵害的表现形式及成因/75

第七章　域外互联网金融消费者权益保护的启示/81

第八章　完善互联网金融消费者权益保护的措施/89

第九章　构建互联网金融与消费者权益保护的良性互动机制/99

参考文献/105

第一章

互联网金融消费者的内涵和保护原理

一、互联网金融消费者的内涵与特殊性

（一）互联网金融消费者的内涵

我们必须准确把握"消费者"和"金融消费者"这两个概念，"消费者"一词在《中华人民共和国消费者权益保护法》中首次出现，用法律将消费者定义为"为生活消费需要购买、使用商品或者接受服务的自然人"。金融消费者必须满足消费者的基本定义，其特殊性在于金融消费者购买和使用的商品大多是金融产品或商品，其接受的服务也是金融机构提供的服务，这些都与传统的消费领域有着截然的不同，与传统消费相比，金融消费具有明显的特殊性，主要表现在金融消费者与金融机构之间的信息不对称。还有一个与金融消费者极其相似的概念，那就是金融投资者，这一概念与金融消费者最大的区别就是其具有一定经济实力，以及一定的专业知识，是为了获取资本的增值和利润来购买金融商品或者接受金融服务的个人或者机构。在一定程度上，金融投资者的实力和金融经营者的实力是相当的，但是我们通过揭示金融投资者的本质不难看出金融投资者完全符合金融消费者的概念，和证券业市场不

同的是，在银行业市场、保险业市场，人们似乎习惯地将消费者称为金融消费者，而在证券业市场则称之为金融投资者。金融投资者因为其获取信息的能力以及相应的实力和经营者不相上下，是否应当纳入金融消费者权益保护的范畴在学术界亦没有统一的观点。而互联网金融消费者作为一个新兴的名词，不断地出现在媒体上和人们的视野中。学术界存在以下观点：互联网金融消费者可以看作是金融消费者在互联网+模式下的延伸，我们可以将传统的金融消费者权益保护的制度和框架扩展到互联网金融消费者的领域对其进行保护，并将其看作是一个全新的领域。

在科学技术飞速发展的今天，如果只是单纯地将金融消费者权益保护从传统领域扩展到互联网领域，我们将会发现有很多欠缺的、不适用的地方。第三方平台发挥的是第三方的媒介作用，或者大多数情况下发挥的是担保的作用，当金融消费者的财产权、个人信息权、代位求偿权等权利受到侵犯时，我们援用传统的金融消费者保护的手段，则会显出一定的弊端，无法实施监管，更无法实施处罚，在一定程度上出现了制度的"短板"和可操作性的反应，根据消费者以及金融消费者的相关概念，我们可以认为互联网金融消费者是金融消费者的一个从属概念，并且满足消费者的基本特征，金融消费者的特殊性在于购买和使用的商品大多是金融产品或服务。

(二) 互联网金融消费者的特殊性

对消费者的倾斜保护，主要考虑到消费者与经营者交易时双方实力的不对等，消费者没有识别金融风险和承受金融风险的能力，这就使得原本两者之间存在的不对等更加严重了，再加上金融市场和互联网之间的关系日益紧密，消费者并不具有获取、收集、加工信息的能力，而经营者有这一优势，为了避免这种不对等，就要求政府、社会团体以及行业协会进行适当的干预。

在互联网领域，互联网技术平台的推广和应用减少了经营机构的运营成本，经营机构还可以从中获取便利，而互联网金融消费者可以借助第三方互联网平台获取自己想要的信息，不用再费时费力地去搜集自己想要的信息，在互联网平台这样一个开放的领域里，消费者可以从中得到实惠，从而提高了双方交易的效率，同时，由于互联网金融市场准入门槛过低，越来越多的消费者参与进来，但他们的知识水平不同，大多缺乏基本的财务和法律知识，风险防范意识不足，使得经营机构有机可乘。此外，互联网作为一个新兴领域，它是作为交易平台应运而生的，互联网上的金融产品显示出虚拟化和复杂性，互联网金融消费者在选择交易时没有专业指导，如果只是按照各自能力的水平去选择交易的对象和产品，以及决定与哪个互联网金融机构进行交易，一旦其自身的权益遭到侵犯，消费者就会手足无措。基于互联网金融领域的特殊性，一方面严格的准入制度必须得到充分的贯彻，确保互联网金融消费者进行交易的对象都是有资质的互联网金融机构；另一方面，互联网金融消费者也应当增强其自身的基本技能和对知识的学习，学习更多的专业性知识，在互联网技术和金融知识领域，提高自己对互联网金融产品的辨识水平和能力，这样有助于保护自身的权益。

虽然互联网金融消费者权益保护和以往的消费者保护以及金融消费者保护有着一定程度的共性，我们可以通过最基本的制度比如《中华人民共和国民法总则》《中华人民共和国消费者权益保护法》对其进行最基本的保护。但是，我国现有的制度无法解决当前互联网金融消费者和经营者之间的矛盾，由于金融产品具有极强的专业性，作为普通的消费者而言不具有专业的金融、经济类的知识，如果缺少专家的咨询意见，便很难从众多的金融产品中选出适合自己的产品。经营者作为一个机构法人，有能力收集、加工与商品相关的信息，如果不承担信息披露的义务，消费者很难发现经营者出售商品的缺陷或瑕疵，而作为消费者的自然人没有精力亦没有能力收集、加工信息，这就导致了在双方交易发生时的信息严重不对等。基于以上因素，法律赋予了弱势群体——互联网消费者冷却期制度，即所谓的"七天无理由退换"制度。

二、互联网金融消费者保护的理论基石

（一）经营者和消费者信息不对称理论

根据经营者与消费者之间的不对称理论，实现这种信息的对称需要一定的前提条件。互联网金融机构应该足够诚实，将所有交易信息告知对方，但是，实际并没有，互联网金融产品越来越专业化、虚拟化，个人欠缺甄别技术信息的能力和知识，没有一定的专业技术水准的消费者很难在交易的过程中占据优势，作为自然人，消费者缺乏一定的专业知识和识别风险的能力，而经营者在专业知识领域辨析、控制风险的能力比起消费者来说要好得太多，经营者可能会利用自己的优势为自己谋取私利，尤其是在互联网金融监管还不是很完善的今天，监管规则存在"灰色地带"，互联网金融机构的法律漏洞更为普遍，而法律在调整这样的关系中显得很无力，法律的作用只是在于矫正这一不公平，即通过对强势的权力进行或多或少的约束，赋予弱者更多的权利以及服务，对互联网金融消费者进行特殊保护。这一点和民法上的私法自治原则有一定的相似性，我们暂且可以把这种矫正的过程看作是双方订立合同的一个补充条款，但我们不能无限地放大消费者应享有的权利而忽略其应履行的义务，即使要对消费者倾斜保护也应当在一定的范围、一定的程度上进行倾斜，尽管互联网消费者可能由于种种原因存在信息不对称、信息获取渠道不通畅等现象，但我们并不能一味地主张必须对弱者进行保护，因为鼓励交易是民法领域中意思自治原则的体现，本质上来说发生在互联网金融产品领域的交易也属于交易，如果我们借用公权力的手段对交易弱势的一方进行保护，它不仅会破坏交易的顺利进行，还会破坏整个互联网金融市场经营者的积极性。经营者如果在交易发生时，已经采取了一定的措施或者手段，对外披露了该商品或者服务的所有信息，并且有理由相信，该信息披露能够被一个理性谨慎的自然人所认知和理解，那就说明经营者已经尽到了应尽的义务，此时消费者如果自愿和经

营者发生交易，事后，又以经营者未尽到信息披露义务为由对经营者进行起诉，则法院不予支持消费者的主张，此时，所有的投资风险以及可能带来的预期风险应当由消费者承担，经营者不承担任何责任。

(二) 泰勒的双峰监管理论

一般认为最早的消费者权益保护运动开始于 20 世纪 30 年代的英国，其最开始的根源是因为市场监管出现失灵，其理论依据来源于亚当·斯密的契约理论。而最早的金融消费权益保护运动则较晚于消费者权益保护运动，大致时间是 20 世纪的六七十年代，同样也是来自英国，但这场运动的原因明显不同于上一场，监管失灵直接导致这一金融消费者权益保护运动的发生。审慎监管的主要目标是保护银行、保险和投资业务，维护英国金融市场，而互联网金融消费者权益保护问题的研究是伴随着第三次技术革命，以及互联网技术的飞速发展，金融市场进入互联网领域而产生的。英国经济学家泰勒的双峰金融监管理论是最著名的经济理论，泰勒认为，政府金融监管应该有两个目标，一个是审慎监管，另一个是消费者保护。在资本主义世界发生经济危机以后，西方资本主义国家均渐渐地接受了该理论，各国都设立了不同的专职机构，通过不同程度的立法，实现金融监管的两个目标，例如，英国政府设立了两个监管机构，即金融服务监管局（FSA）和金融行为监管局（FCA）。金融服务监管局主要负责实现市场稳定，打击金融领域的违法行为。金融行为监管局主要负责保护金融消费者，当金融机构在背地里损害投资者利益时，金融行为监管局就会出面，对金融机构采取一定的行政措施，维持金融市场的公平竞争和交易，进而起到保护金融消费者的作用。尤其是在互联网金融市场，更加大了原有交易发生时不对等的程度，为了消除这一不对等，需要借助国家的行政强制力即通过监管机构对互联网金融机构进行监管和督导。

第二章
互联网金融概况

一、互联网金融概述

互联网金融是传统金融行业利用计算机和互联网等技术开拓市场形成的产物。在互联网金融发展的过程中，计算机和互联网参与的程度较深，且都是利用互联网平台自主完成相应的金融活动。互联网金融使得用户的参与更加透明，同时其也可以通过较强的协作性和较低的成本帮助客户完成相应的金融活动。互联网金融不是互联网和金融业的简单结合，而是在实现安全、移动等网络技术的基础上，被用户熟悉接受后，自然而然地为适应新的需求而产生的新模式及新业务，是传统的金融业与新兴的互联网业的高度融合。虽然我国互联网金融经过了长期的发展，但其本质上还是处于"电商化"的状态，其主要原因是国内个人征信数据缺乏，导致利用互联网技术完成风险定价以及风险转移的模式难以落地。这里虽然有国情的原因无法回避，但客观上的确制约了我国互联网金融行业的创新。目前国内互联网金融的发展还处于初级阶段，远没有达到国外互联网金融的发达程度。

一直以来，学者对互联网金融和金融互联网之间的关系存有争议，争议的焦点在于两者出现的先后顺序。笔者认为，这样的讨论放在现在的生活中，尤其是对满足消费者的需求而言，并不具备多大的实际意义。因为不管是互联网金融还是金融互联网，从本质上讲，产品都是金融，互联网只是手段。金融是什么？金融指的是资金的融通，其实也就是"钱"的买卖。银行把业务分成三块，主要是负债业务、资产业务和中间业务，也就是存款、贷款，以及为前两者服务的相关业务。互联网金融是一个庞大的产业链条，它将互联网和金融业串联、糅合在一起，但它不是将两者简单相加或者组合，而是在实现安全、移动等网络技术层次上，被用户熟悉接受后，顺应客户需求产生的一种新型的业务模式。

现在我们谈论"互联网金融"，很多时候眼界太狭隘，互联网基金算不算互联网金融？P2P呢？其实都算，但它们从本质上讲还是传统金融业务在互联网平台上的延续。应该这样说，金融的价值在于信息，而互联网金融的价值在于其能聚合有这方面需求的客户的信息，在信息沟通过程中创造出其产生的金融价值。互联网金融，把所有复杂的、高风险的产品搬上线，直达手机端，而且以极其快捷个性的方式提供给客户。在这一过程中虽然资金进出顺畅，但是风险提示却没有做到位，如果不仔细看，很难发现互联网金融的风险和漏洞。美国财政部长保尔森在向九大华尔街金融巨头兜售7000亿美元的救援计划时，富国银行首席执行官迪克·科瓦切维奇的一句话让所有人印象深刻："我不像你们这些纽约家伙一样，设计一些花哨产品。"而这个部长说的花哨产品其实就是贷款产品。贷款不需要创造需求，因为全世界的银行家们的毕生工作就是把优质借款人挖掘出来，把钱贷给他们。互联网金融的门槛不比传统金融低，反而更高，因为互联网金融的投资者要有更高的风险承受能力，借款者要能承担得起更高的利息，这也是为什么互联网金融解决不了中小企业融资问题。中小企业从互联网金融处获得资金，贷款方要收取更高的利息，而在经济下行时期，中小企业无更高的经营利润，所以，中小企业面临的不是能否贷到款的问题，而是经济结构化问题，中小企业盈利能力差，很难禁得起互联网金融强大的风险债务。

互联网金融有三种典型模式：互联网支付、P2P、众筹，分别对应的是支付结算、放贷和股权。这三者中，除了支付外，核心的本质都是点对点的模式，实现的都是通过撇开金融机构，进行"金融脱媒"的创新尝试，然后实现资金从供给者到需求者，互联网在这过程中充当了提供平台的角色。从这些角度来看，理论上互联网金融是有优势的，会有更多群体的参与，更开放的信息共享以及多种多样的风险控制措施。但是，互联网金融的优势在实践中却没有较好地体现出来。在实践中我们发现，互联网金融机构开始抛弃本来该作为平台和中介的独立身份，日渐演变成为金融机构的下属代表，也可以称之为影子金融机构。互联网金融机构为了有效地确保自身资金的流动性不出问题，都会构建自己的资金池，资金池一般都是通过自有资金出资、利润结转或者直接吸引资金来构建的，但构建资金池的成本太高，又容易出现资金流动性问题。互联网金融机构的生存空间在于，虽然它们的核心本质都是金融机构，但是由于它没有"牌照"，所以规避了监管，可以躲避监管从事很多目前商业银行所无法操作的业务。确切地说，这些互联网金融机构存在的基础，是通过提高对风险的容忍度来换取生存空间的，并不是说这些机构具备了较好的风险控制能力才使其生存下来的，而是这些互联网金融机构在经营过程中，一方面加大了自身面临风险的可能性，另一方面却又不具备化解风险的技术能力和制度优势。因此，在这种情况下，其生存中的困境也就出现了。阿里巴巴集团创始人马云表示，未来的金融有两大机会：一个是金融互联网行业走向互联网，另一个是互联网金融充当外行领导的角色。金融行业需要变革者，更需要那些外行的人进行变革。《中国金融稳定报告（2014）》提出，互联网金融是互联网与金融的结合，是借助互联网和移动通信技术实现资金融通、支付和信息中介功能的新兴金融模式。广义的互联网金融既包括作为非金融机构的互联网企业从事的金融业务，也包括金融机构通过互联网开展的业务；狭义的互联网金融仅指互联网企业开展的、基于互联网技术的金融业务。从本质上讲，互联网金融是利用大数据、云计算、社交网络和搜索引擎等互联网技术实现资金融通的一种新型金融服务模式。

常见的互联网金融包括金融中介、金融电商、第三方支付、在线商店营销与销售、在线理财、在线借贷等不同的类型。从本质上来讲，互联网金融是金融的另外一种形式，与传统金融相比，存在相同点，同样也存在一定的差别和不同。互联网金融和传统金融在媒介、思维模式、操作方式等多个方面都存在差别，因此要求互联网金融机构从业者必须要以互联网思维进行产品的设计和创新，不断提升互联网金融产品的透明度、参与度和方便性。

二、互联网金融的主要特点

(一) 即时性与移动化

移动终端设备的普及和发展使得互联网金融可以借助这些智能平台随时随地参与金融活动和金融业务，具体来讲，用户可以借助这些设备实现在线转账、在线支付、在线购买产品等多类型的金融活动。因此，即时性和移动化是互联网金融的典型特征。数据一直是信息时代的象征，金融业一方面是大数据的重要生产者，另一方面，由于金融业高度依赖信息技术，所以金融业也是典型的数据驱动行业。在互联网金融环境中，数据作为金融核心资产，将影响传统客户关系及担保物品在金融业务中的作用。大数据可以促进大额交易、用户信用额度分析和信贷风险分析三大金融创新，所以，互联网金融领域的业务模式及产品无不体现着对大数据的合理运用。

即时性更好地满足了顾客在互联网上购买、咨询、点评、信息回馈等的需求，无须等待多时，顾客就可以快速、方便地得到答案。移动性则满足了顾客位移的变化不影响使用的需求，也就是说，只要互联网在顾客手中畅通，那么顾客的位置移动并不影响互联网的使用。在全民理财的时代，在互联网已经改变生活方式的今天，在经济结构调整的进程中，互联网金融正在汹涌而来。网络与金融相结合创造了新的政策环境和市场环境，网络与金融结合的各类自发自主创新的产品、服务也日趋增多。事实证明，现在互联网的全球联通，在线金融的便捷应用，都在一定程度上助推了互联网金融的发展和繁荣。互联网金融与银行的金融服务偏向"二八定律"里的20%的客户不同，互联网金融争取的更多的还是80%的小微用户。这些小微用户的金融需求具有个性化，在传统金融体系中得不到满足，而在互联网金融的服务中，小微客户有着得天独厚的优势，其个性化的需求可以高效率地得到解决。

（二）覆盖广与发展快

互联网是互联网金融得以发展的媒介，在互联网不断发展的今天，传统金融与互联网结合在一起，催生了新的行业。互联网金融的发展打破了传统地域和时间的限制，用户可以随时随地参与金融活动，业务范围得到了进一步的扩大，覆盖到更多的群体。在互联网无处不在、无处不有的时代，互联网的覆盖范围就像是给各地撒下的捕鱼网，把所到之处尽揽其中。同时，互联网覆盖范围广的优势也让其突破了时间和地域上的限制，让远隔千里的人们能够一起沟通。而互联网金融模式满足了人们在互联网上寻找资金的需求，覆盖了传统金融的服务盲区，让金融服务范围更加广泛，金融交易更加直接。

在这个不断创新的时代，互联网的发展速度促进了互联网金融的不断创新。在大数据和电子商务不断完善的基础上，未来互联网金融将会演变出更多的模式，也会更加全面地满足用户的需求，实现真正意义上的互联网经济。当然，像淘宝、京东这样的大型电商平台，注册用户人数和在线商铺的数量逐渐攀升，进一步彰显了互联网的发展速度之快，以至于它的覆盖范围能够让更多的用户享受到在线购物的便利。因此，覆盖范围的宽广和发展速度的迅速都成为互联网金融的显著特征。互联网金融带来了全新的渠道，为客户提供方便、快捷、高效的金融服务，极大地提高了现有的金融体系效率。

（三）互动强与透明化

互联网金融不断向移动端渗透使得互联网金融与客户之间的互动性

不断加强，例如，随着移动设备的不断普及和不断推广，以微博、微信、支付宝等为代表的移动应用程序进一步提升了信息获取的方便性，用户能通过浏览、互动来获取网络信息，从而让互联网金融成为互动性很强的网络媒介。互联网金融通过互联网、大数据等技术，降低了交易成本，改善了信息的不对称性，让那些无法享受传统金融服务的人们得到了金融服务，从而提高了金融的普惠程度。当前，互联网与金融相结合的各类自主、自发的创新产品、服务在不断涌现；未来，互联网金融的行业形态和市场格局将遵循互联网和金融的发展规律，沿着国家制定的互联网金融的相关规则向前发展。

一直以来，线下实体门店与线上服务电商最激烈的角逐体现在为顾客提供购物咨询、实时点评、售后服务、产品详解等方面。互动性强是互联网电商在为顾客提供信息咨询、产品反馈以及售后保障等方面与线下其他门店相角逐的表现。以淘宝为代表的电商平台，众多产品的外观与质量的同质化十分明显，回答客户咨询问题的及时性与互动性强便成为很有竞争力的优势。毋庸置疑，互动性强、好评率高的店铺获得的客源多，会成为市场竞争中的佼佼者。此外，透明化应该是互联网金融在安全保障方面拥有的一大亮点。透明化使得客户在交易时享受更多的安心与省心，给予顾客在购物时极度需要的安全感。换言之，透明化也是互联网金融实现快速发展的有力推动因素。

（四）低成本与高效率

金融与互联网的结合进一步降低了互联网金融交易的成本，提升了金融业务的效率。随着互联网金融的不断发展，其在操作方面逐渐呈现出规范化和标准化的发展趋势。用户通过互联网能够随时随地参与金融活动，节省了用户办理业务以及金融机构处理业务的时间，提升了用户的体验度和舒适度。同时，降低企业成本，提升企业的办公效率，也是互联网金融在降低成本方面的一大亮点。互联网金融可以利用互联网来审核借贷者的资质，不用人工审核，仅需一台连接网络的电脑即可完成，不仅省时而且省力。目前，互联网金融正趋于成熟，金融监管也在逐步完善，在线交易、转账等一系列业务都可以实现当天到账，不仅省去了排队等候的时间，而且可以同时处理更多用户的需求。可以说，互联网金融的出现，在一定程度上解决了传统金融信息不对称的问题，让金融交易更透明。例如电子商务的一条龙服务，从在线购买到确认收货最快当天就可以完成，这在很大程度上促进了用户的消费行为，更促进了社会资金的流动，推动社会经济发展。拿 P2P 网贷来讲，其投资门槛低、收益高，投资期限可以灵活选择，对打算投资获得收益的客户来说，这不失为第一选择。

互联网金融低成本的特点主要体现在两个方面：一方面体现在交易成本上，如阿里金融单笔贷款的审批，阿里利用了大数据和信息流，依托电子商务公开、透明、数据完整等优势，与阿里巴巴的淘宝网、天猫数据贯通，信息共享，实现金融信贷审批、运作和管理，与金融机构传统的审贷分离、分级审批相比较，其成本低、速度快；另一方面体现在服务成本上，互联网金融降低了小微企业的融资成本，例如，蓝海汇网络科技有限公司作为软件开发企业，它开拓了低成本的新渠道，让客户以更低的成本搜索更加优质的金融服务产品。

不仅如此，互联网与金融的联合让更多的顾客选择在网上进行金融交易，节省了客户的时间，降低了客户在办理相关手续方面的成本。因此，低成本更好地满足了客户在金融交易方面的节省需求，并且利用互联网的融通也可以快速地为顾客办理相关业务，无须等待，无须排队，根据相关金融 app 的应用，提高办理业务的速度，进而提高效率。如今，互联网金融的便捷，使其满足了更多人的需求，低成本与高效率使得互联网与金融的结合更加紧密。

（五）管理弱与风险大

从目前互联网金融的发展情况来看，中国人民银行征信系统没有记录征信主体的全部信息，因此也导致在互联网金融的发展中存在严重的信息不对称现象，例如无法及时对信息进行共享，再加上由于对互联网金融的监管和管理不足，导致其存在大量的风险，如其中存在的政策风险、法律风险、市场风险等。从目前看，互联网金融风险主要有三种类型，一是经济下行期的经营风险。当出现实体经济下行和金融风险上行时，中小企业经营出现困难。此时，中小企业的债务违约可能性增大，互联网金融平台对接的主要资产质量下降，逾期率和不良率上升。同时，由于投资者情绪和市场预期波动增大，资金流不稳定性提高，使得平台经营压力持续增加。二是经营企业合规期的转型风险。在合规化转型过程中，有一部分从业机构试图继续经营，但因前期存在期限错配、资金池、大额标的等不规范经营行为，导致企业积累风险敞口较大，转型难度高，无法平稳退出，进而引发社会问题和金融风险。三是风险处置期的次生风险。当互联网金融风险专项整治进入清理整顿阶段时，由于互联网金融风险的涉众性、交叉性和传染性较强，在风险处置过程中可能产生跨机构、跨区域、跨市场的交叉反应。

管理弱与风险大是互联网金融的特征，同时也是互联网金融的"漏洞"。在互联网信息更新慢、网络信号不强、交易信息反馈有误等情况下，互联网金融就会面临着顾客在交易时出现不信任以及迟疑的态度等问题。互联网金融由于是系统依次操作，并没有人为的干预和管理，所以在管理方面，能力仍显不足。进而，顾客在进行金融交易时，也会被机械的应用系统"操纵"，那么面临的风险也就会逐渐上升。在交易繁多的情况下，容易出现系统瘫痪及故障。所有这些都会使得互联网金融的风险程度大为增加。

三、互联网金融的发展环境

互联网金融机构的优势在于数据与技术，这部分也是传统金融机构的劣势，双方合作可以实现优势互补。根据不完全统计，银行与BAT这三大互联网巨头之间，实现了多起战略合作，其中阿里巴巴"交际"最广，自2019年12月16日与中国工商银行建立战略合作伙伴关系为止，已经与不少于10家银行实现了战略合作，腾讯自2019年11月7日完成与阜新银行签署的战略合作协议，已经与不少于7家银行建立了战略合作，而百度在2018年与广发银行达成了战略合作，至此，与其建立战略合作的银行也不少于6家。从冤家到亲家，互联网巨头与银行之间的"联姻"驶入了快车道，所以，金融科技与电商业务的合作是大势所趋，而未来这种类似的合作还会有很多。总之，互联网金融平台经过严格的治理与重构，规范、健康、有序的互联网金融市场将会实现。

首先，就目前互联网金融发展所处的法律环境而言，还没有全国人民代表大会及其常务委员会制定的如《中华人民共和国互联网金融法》式的规范性文件，而现有的调整互联网金融方面的法律级次较低，多为规章或规范性文件。支付宝作为一个新的第三方支付媒介出现时，大部分人都认为支付宝不是金融机构，不可能成为金融支付平台；移动支付出现时，人们也思考着通信运营商怎么也打起金融擦边球了。但是我们不得不承认，在面对创新的时候，监管制度和法律往往是滞后的，如果提及互联网金融的法律风险，那就是用户隐私权的保护问题和网络安全问题，若金融交易完全互联网化，那么，互联网将成为一个巨大的公开交易所，这会给监管造成很大的挑战。金融的发展是为了发展社会经济，不是为了实现监管的方便。好的金融是让更多的人享受金融服务，让金融服务更加透明，最大限度地减少信息不对称和降低中间成本，所以只要金融机构的行为是以此为目标发展的，互联网金融法律的制度是朝着这个方向完善的，那么互联网金融的发展也不会存在较大问题。

其次是互联网发展的政治环境。当前，金融与科技的融合发展方兴未艾，在数字化、信息化的大趋势下，互联网金融、金融科技的新业态、新模式仍会层出不穷，将继续给金融业带来深刻、深远的影响。前事不忘，后事之师，从互联网金融风险积累、扩大、暴露到此后持续至今的清理整顿，各方付出了巨大代价，教训非常深刻，值得认真反思总结。具体而言，各方一度对互联网金融的属性认识不到位，互联网金融仍然是金融，金融科技也是科技驱动的金融创新。要根据法律关系、业务实质做出判定，概念游移和科技外衣改变不了金融本质，无论是FinTech还是TechFin，无论是ICO还是STO，都应透过眼花缭乱的名词甄别其业务活动的实质。互联网金融、金融科技没有改变金融的风险属性，其风险的传染性、涉众性反而更强，网络数据信息安全风险也更加突出。一方面，由于跨市场、跨区域交叉混业的特征，互联网金融风险扩散速度更快；另一方面，接受服务的众多客户风险识别能力不高、损失承受能力有限，潜在的社会危害更严重。部分市场主体不尊重金融规律，偏激扭曲。在技术快速更迭的大背景下，真技术、假技术鱼龙混杂，一些市场主体缺乏足够的识别能力，劣币驱逐良币现象突出，技术应用未经审慎的论证和实验，过于强调技术，缺乏对金融规律的尊重和敬畏，一哄而上、一哄而散，很可能是遍地狼藉。因此，为适应科技多变的特点，应提升监管快速反应的能力，推进常态化线上金融风险预警监测机制，运用科技提升金融监管部门的跨市场、跨业态、跨区域金融风险的识别、预警和处置能力，完善金融监管信息平台建设，适应宏观监测和扩大数据处理能力的需求，形成对监管工作的有力支撑。总而言之，国内的政策环境在很大程度上也会影响国内金融行业的发展。

最后是互联网金融发展的征信环境。征信是指依法采集、整理、保存、加工自然人、法人及其他组织的信用信息，并对外提供信用报告、信用评估、信用信息咨询等服务，帮助客户判断、控制信用风险，进行信用管理的活动。征信分为个人征信和企业征信。我国《征信业管理条例》规定：任何经营个人征信业务和企业征信业务的机构都需经国务院征信业监督管理部门批准，取得经营许可证，并在中国人民银行备案，否则一律不得开展征信业务。2015年1月，中国人民银行下发《关于做好个人征信业务准备工作的通知》，同意8家社会机构开展个人征信业务，这8家机构分别为：腾讯征信有限公司、芝麻信用管理有限公司、深圳前海征信中心股份有限公司、鹏元征信有限公司、中诚信征信有限公司、中智诚征信有限公司、考拉征信有限公司、北京华道征信有限公司。2018年2月22日，中国人民银行官网发布的公告信息显示，百行征信有限公司的个人征信业务申请已获央行许可，这是首家取得个人征信牌照的公司。虽然目前征信机构的牌照并没有广泛下发，但在市场上已经有个人征信业务在开展，不过不叫信用报告，而叫信用分值，比如芝麻分、蚂蚁花呗，其实都是个人征信的雏形。从2014年4月第一家企业征信机构获得中国人民银行备案到现在，有新进机构，也有注销机构。根据统计，截至2019年10月，我国共有134家机构获得了"企业征信机构备案证"。结合目前征信业的情况来看，全国征信环境仍有待于继续向前发展。

四、当前我国互联网的发展趋势

人类社会的发展是随着生命系统的变化而变化的。互联网是人类智慧的结晶，连接就是其最基本的属性。它利用自己的连接属性，引导人类社会实施并完成新一轮的技术改革。可以说，互联网承担着引导人类社会从无序发展转变为有序发展的重要历史使命。在《互联网进化论》一文中，我国科技研究所的刘锋研究员指出，互联网连接着数以亿计的智慧大脑，形成一个新的以地球为空间甚至以无边的宇宙为空间的大脑——"全球脑"。互联网发展逐渐向人类大脑的发展方向趋近。现在，人类对互联网的未来发展尤其重视，互联网未来会向哪些方向发展？它的发展前景是怎样的？事实上，互联网的发展，就是人类的第三次重要技术革新。众所周知，英国的工业革命就是人类的第一次技术革命，自蒸汽机开始，它的重点就是希望人类能突破自我，促进自己发展壮大。在这一问题上，英国第一个把握时机并成为早期经济发展水平最高的国家。第二次工业革命其实就是能源革命，原因是人类想发展得更快，走得更稳，看得更远，可以更持久，因此，这次工业改革是从电能与能源做起，及时抓住这次机会的是美国，而美国也借此成为世界上最强大的国家。在第三次工业革命中，虽然有人称之为信息革命、互联网革命或数据革命，但可以肯定的一点是，这次革命是以人类的大脑为驱动力，充分挖掘了人类智慧，使世界更加智慧。可见，这种技术改革与过去完全有别，其为人类社会带来的影响是突破人类想象的，是不可预测的，而且，工业革命是引发第一次世界大战的主要原因，而第二次世界大战又来自第二次能源改革。世界之所以发生翻天覆地的改变，是因为世界各国都想走得更远、站得更高，获得更多的资源以及能源。这次改革，使人类社会从世界巨头的竞争发展为高精尖人才的竞争，无形中促进了社会经济发展，加快了人类的环境建设。因此，这次技术革命会使社会变得更加"智慧"。如今，我们最大的改革就是内部革新，这反映了第一次和第二次革命所推出的许多规章制度及体制机制，都会因为这一次革命而面临前所未有的冲击。在这次革命中，我们要分析的是如何革新互联网的发展前景及发展方向。

回顾我国互联网的发展历程，我们发现，互联网在经历了一段时间的高速发展后，也会有所放缓，日益冷静、理性地迎来了全新的发展状态。中国互联网金融协会在 2019 年 12 月 17 日发布的《中国互联网金融年报（2019）》中指出，2019 年，个体网络借贷平台的数量和借贷余额规模呈下降趋势，整体风险水平大幅下降。截至 2019 年年末，全国运营平台 1726 家，同比下降 51.64%。年末货款余额 8696.50 亿元，同比下降 27.96%。下一步将会随着专项整治力度的不断增强，对存量违法违规机构和业务活动加速清退，大量机构面临良性退出或转型，行业规模和参与人数将继续下降。笔者对互联网金融今后的发展趋势做如下总结：不断落实监督政策，行业规模发展趋势显著。自从深化互联网金融行业的风险整治工作以后，加快了金融行业优胜劣汰的发展速度，净化了行业发展的整体环境。通过中国互联网金融协会抽样数据分析可知，互联网金融行业新增注册用户不断提升，新发贷款金额以及笔数的增长速度显著，一直处于增长状态的还有证券行业以及互联网保险行业等。显然，互联网金融日后应不断加强人与人之间的信息沟通和互动，尽可能在地域、时间及空间上突破人与人的沟通限制。

当前，人类社会正处于金融创新的活跃期，加之互联网向各个行业不断冲击渗透，互联网与金融的巧妙结合渐入人们的视野，且不断的迭代创新也使得人们对其长期保持着新鲜感，可以说热度从未降低。那么，在互联网金融不断发展的背景下，互联网金融在未来又将会有怎样的发展趋势呢？笔者推测会出现以下四个方向的发展趋势，第一是平台合法化。合法是互联网金融发展的基础，正规的平台不仅有助于行业整体的发展、减少系统性风险，更有助于企业塑造自有品牌、获得大批忠实用户。随着严格监管时代的到来，各类重磅监管文件密集出台，网络借贷资金存管、信息披露等政策悉数落地。如此，未来互联网金融行业会主动进行自律，以此加强风险管控、保障金融秩序正常运行。互联网金融未来的发展趋势，恪守行规至关重要。无论何时，企业发展都要坚持以行业规定为首要发展原则，加强风险管控，提高风险识别与化解能力，才能有助于践行企业社会责任，在实现普惠金融的道路上走得更稳、更远。第二是服务实体经济，脱虚向实。互联网金融通过充分利用其开放、便捷的属性，将资金需求方和资金供给方通过网络平台更加快捷、准确对接，让资金流向需要的人群，从而助力实体经济，引导资金脱虚向实。金融服务于实体经济，其核心是降低金融虚拟化程度、回归本源，向直接服务实体经济转变。这就需要金融机构灵活运用不同的金融产品进行组合，提供差异化、多样化的综合服务，化解金融风险，助力企业发展。首先，借助互联网信息技术，服务提供商和客户双方不受时空限制，可以通过网络平台更加快捷地完成信息甄别、匹配、定价和交易，降低了传统中介服务模式下的运营成本。其次，双方或多方信息充分透明，交易适时进行，便捷有效率。第三，互联网金融交易突破了传统的安全边界和商业的可行性边界，焕发出新的活力，客户感受到全新的金融服务体验。第四，金融服务更注重用户体验。随着移动互联网的普及，手机已成为人们日常生活中不可或缺的物品，伴随移动互联网与金融的深入结合，移动金融产品越发丰富、多样化，通过手机移动端，用户足不出户便可享受互联网金融服务。

五、互联网金融运营模式

互联网金融的运营，首先注重专业化。专业人做专业事，尤其是互联网金融这种专业性较强的行业。目前市面上的互联网金融从业机构虽然很多，但是其中不少组织构架都还不完善，分工也不明确，一旦出现问题难免敷衍了事、互相推诿，消费者应该避开这样的平台。其次讲究流程化。每做一件事情，经验都是最重要的，而很多初创业者缺少的就是经验，所以对刚开始从事互联网金融业务的机构而言，加盟其他成熟的机构是最明智的选择。最后是追求合作化。在如今的互联网金融时代，单枪匹马很难取得成功，反而是有强大团队的支撑者更容易成功。

从理论上来说，任何涉及广义金融的互联网应用，都应该是互联网金融，不仅包括了第三方支付、在线理财产品的销售，而且包括在线理财产品的信用评价审核、网上银行、金融中介、金融电子商务等模式，也属于互联网金融的范畴。

（一）第三方支付

现阶段，我国第三方支付模式有两种：一种是独立的支付模式，另一种是提供担保服务的支付模式。独立的支付模式是通过平台发布信息及产品，将对应的服务提供给该产品，第三方平台不会提供担保服务，第三方支付与线上网站经营完全分离，最典型的非拉卡拉与易宝支付莫属。在担保服务的支付模式中，消费者利用电商平台对心仪的产品进行购买，在交易时通过第三方支付平台，消费者事先将产品金额向第三方平台支付，在没有完成交易以前，交易方的款项由平台负责管理，当客户收到货物且认为货物没有任何问题时，会确认收货。随后，第三方平台将收到的款项按一定的比例转入商户账户，支付宝与财付通就是这种支付方式最具代表性的平台。

现阶段，支付仍然是第三方平台最重要的功能，未来可能会朝着以下方向发展：以资金沉淀为主的投资理财业务、以消费者交易信息为主的信用分析与营销分析服务等。这些支付平台日后有可能会超越传统金融行业。由于移动运营商的介入，如果第三方支付平台要与运营商、供应商等成为合作伙伴，就需要及时把握科技发展趋势，对支付资源进行科学整合并合理配置，那么，只有第三方支付平台拥有强大的经济实力、公关实力以及技术能力，才可以做到这一点。目前，像财付通、支付宝以及微信支付等就是其中的代表。第三方支付在日后发展中会呈现出多样化与分极化的特点，顺应市场发展趋势的企业会加速从细分领域入手，与其他竞争对手竞争市场份额，并致力于增加企业的知名度，使更多的消费者认识企业品牌。而部分战略定位模糊、特色不明显的第三方支付平台则由于经营规模小、品牌知名度低等原因而宣告退出市场。

（二）P2P 网络小额信贷模式

在网络融资模式中，最具代表性的模式就是 P2P 网贷模式。在 P2P 网贷模式中，资金提供者与需求者在第三方平台的支持下实现信息匹配与融资活动。在网络金融发展中，P2P 网贷得到了较快发展，事实上，P2P 属于网络与金融结合的必然产物。现阶段，网络金融发展日益加快，P2P 网贷也成为应用于其中的一种网络金融模式，它最大的特点就是较高的长期收益以及较低的投资要求。其中，起步投资通常可以是 50 元，甚至出现最低起投 1 元的情况，加上 P2P 网贷以普惠金融为市场定位，其最大的优势就是借款手续简单、易通过，从而使中小企业、个人以及家庭都相继前来借款。比起银行，P2P 平台大部分是小额贷款，有着较快的放款速度以及较低的放款要求。所谓 P2P 网贷，其实就是我们常说的 P2P 理财，是指个人之间的借贷，平台机构从中扮演着第三方中介的角色，将资金供给方与需求方连接起来，做到各取所需。借款方可选择有抵押贷款模式或无抵押贷款模式，而中介机构通过促成交易就能从中获得收入，可以收取双方或一方的手续费，以此作为经济来源。这种理财模式是借款人兴起的，借款人通过 P2P 平台发布借款信息，资金出借方对借款人的个人信息以及信用信息进行全方位的调查后，与借款人达成协议，签订借款合同，将小额贷款提供给对方，并跟踪对方的还款情况，以此获得投资收益。事实上，P2P 平台就是利用网络平台将有小额资金需求以及有投资需求的人进行对接，简单来说，就是一个投资理财平台和小额贷款平台。

一般来说，向银行贷款过高的成本使小微企业退避三舍，然而，网络时代的到来改变了这一切，科学有效的技术以及创新服务使大量普通用户的金融需求得以实现，这些普通用户常常通过获得资金而给自己带来更大的投资回报。就金融企业而言，这些普通用户的集群其实就是一笔相当可观的财富，最重要的"寻宝图"就是网络与数据。现如今，P2P网贷还没有形成完善的合规化管理，原因之一是我国缺少健全的信用评级体系，P2P企业无法探索到可靠的信用评分，对民营企业而言，既要按照国外的P2P企业标准为客户提供服务，又要利用线上线下等渠道收集客户信息资料，同时兼顾了产业链上的多项工作，是不利于公司长期发展的。国外的P2P，比如美国的Prosper与Lending Club P2P机构，没有担保功能，仅属于简单平台，对借贷双方交易不干涉，不介入，由双方直接进行交易。但是在我国，部分P2P平台为了吸引客户，会先向客户的平台账户转入借款，在缺少监管的情况下，与行业规范严重不符，甚至会遇到借款者携款潜逃的情况。目前，我国信用机制尚未健全，单单依靠线上评估并不科学，若我国能针对个人信用评级出台更加完善的金融服务，P2P就会迎来新一轮的发展热潮。

现如今，我国拥有许多P2P理财公司，经营种类比较丰富，收益率有所差异，就网贷新人来说，应谨慎选择与自己需求最匹配的产品。网贷新人可根据以下要素进行平台的选择及投资：一是评估平台资质。一个合法的P2P平台不但会获取相应的经营证书，而且还有网络运营资格，具体可对平台的备案信息以及合法域名等进行查询。二是分析平台评价。投资方可在互联网有关报道中查看平台的评价以及获得过何种荣誉等信息。三是平台注册资本。从某个角度来讲，一个企业的实力如何会反映在其注册资本上，如果P2P平台只有十余万或数十万元的注册资本，则尽量不要投资此类平台。四是看管理队伍。平台的风险控制能力一般反映在平台管理队伍上，所以，投资者尽量采取实地调研的方式，看平台工作人员平日里的工作状态及专业能力如何。五是看理财收益。风险高的平台往往为了得到更多人的注意而抛出较高的利息，却无法保障投资人的权益。六是看风控队伍。对P2P平台来说，平台若没有强大的风险控制能力，如果坏账率提高的话，则只有退出市场或宣告破产。七是看平台是否有担保合作及资金管理等功能。P2P平台不可以私自成立资金池，若与银行建立资金托管关系，会降低风险指数，与担保机构合作也会减少投资风险，使投资者的权益得到保障。如今，P2P网贷平台共有五种经营模式，即纯线上模式、线上线下相结合模式、债权转让模式、担保/抵押模式以及P2B模式，这些模式的具体特点见表2-1。

表2-1 P2P网贷平台主要运营模式

模式	特点	代表平台
纯线上模式	通过线上完成资金借贷活动，不结合线下的审核。主要通过对借款人进行视频认证及身份证审核的方式来审查借款人的资质	拍拍贷、合力贷
线上线下相结合模式	资金需求者通过线上渠道提交借款申请，代理商通过线下渠道对客户身份、还款能力进行审核	翼龙贷
债权转让模式	平台以自己的名义进行借贷，然后将债权转让给经过筛选后的投资者	宜信
担保/抵押模式	通过引进第三方担保公司，或者要求借款人提供一定的资产，该模式对担保公司经营要求较高	陆金所、开金贷、互利网
P2B模式	通过平台提供担保，企业提供反担保，并且单笔借贷金额相对较高	爱投资、积木盒子

资料来源：前瞻产业研究院整理。

从整个行业来看，P2P网贷平台在数量和业务规模方面均取得了快速的发展，但是在其发展中表现出来的盲目投资、非法集资等问题仍然十分突出，导致消费者在投资的过程中面临较大的风险，这些都是影响P2P行业发展的障碍。

在2019年，P2P网贷机构发展得不是很好。"整顿、清理、取缔"，有人认为中国P2P产生于2007年，结束于2019年。2019年1月，随着《关于做好网贷机构分类处置和风险防范工作的意见》（即"175号文"）下发，P2P行业持续加速出清和良性退出。梳理显示，2019年已有多个省市对辖内网贷机构的P2P业务进行清退。此后，山东省、湖南省、四川省、重庆市、河南省、河北省、云南省、甘肃省、山西省共9个省市宣布取缔P2P网贷业务。2019年12月20日，山西省宣布对"晋商贷"等26家P2P网贷机构的P2P业务予以取缔。同时对15家在营P2P网贷机构进行了行政核查，结果显示15家在营机构P2P业务均不符合有关规定，予以取缔。要求在营P2P机构停发新标，并限于2020年6月底前完成良性退出、市场出清。其实最早采取措施的是湖南省和山东省，2019年10月中旬，湖南省和山东省金融监管局分别发布公告称，辖内网贷机构的P2P业务未有一家通过验收，将全部予以取缔。随后，2019年11月8日，重庆市金融监管局网站发布公告，对重庆市内机构开展的P2P网贷业务一并予以取缔。2019年11月15日，河南省金融监管局官网发布《河南省网络借贷风险专项整治公告》称，自2016年以来，河南省网络借贷行业一直在进行专项整治，至今未有一家平台完全合规通过验收，并确定了河南省第一批拟注销网站备案编号的网络借贷平台名单。2019年12月4日，四川省金融监管局发布网络借贷行业风险提示，按照整治要求，对四川省业务不合规网贷机构及省外未经许可的网贷机构在四川省开展的P2P网贷业务，全部依法依规予以取缔。2019年12月12日，云南省金融监管局发布《关于网络借贷信息中介机构市场退出的公示（第六批）》，公示称云南省至今没有一家平台完全符合国家网络借贷信息中介机构业务活动管理暂行办法等相关规定，将根据有关整治安排，对所有纳入整治范围的网贷机构全部取缔退出。2019年12月13日，河北省互联网金融风险专项整治工作领导小组办公室、河北省网络借贷风险应对处置工作领导小组办公室发布《关于对河北省内开展 P2P 网贷业务机构行政核查结果的公告》称，全省未有一家开展 P2P 网贷业务的机构完全符合"一个办法三个指引"的有关规定，全部依法依规予以取缔。2019 年 12 月 19 日，甘肃省 P2P 网络借贷风险专项整治工作组表示，经甘肃省 P2P 网络借贷风险专项整治工作组研究决定，对甘肃省目前注册的 28 家 P2P 网络借贷公司通过四种途径全部退出市场。P2P 行业不容乐观，留存下来的平台日子也不好过。清退潮中，P2P 平台的表现各不相同，有发布良性清盘公告，隔天就被立案的平台，也有立案后依然可以继续兑付的平台。

（三）众筹模式

网络的发展使众筹迅速成为时下很热门的一种新型网络金融模式。一开始，人们是通过余额宝去认识"互联网+"金融服务的，后来认识到 P2P、众筹等模式，均说明了传统金融逐渐被网络金融改变，同时改变的还有人们的生活习惯和生活方式。就众筹来说，既使平民百姓多了一种参与就能得到可观收益的平台，又使心怀梦想的年轻人能以较小的成本追逐自己的梦想。众筹模式就是项目发起人在平台上提出个人创意方案，交由平台审核，如果项目通过平台审核，则开始接收用户投资，根据用户自己的认知，用户会提供适当的资金支持。众筹的诞生使广泛的用户获得了新投资途径，可以将社会闲散资金集中起来，然后投入到项目及创新发展中去。众筹模式以网络金融为基础，不但创新了现有的金融模式，也影响到传统金融行业及金融业态，在某种程度上，颠覆了互联网金融与金融业态，如同网络金融威胁到传统金融业态一样，网络众筹也威胁到传统的基金业务。

众筹平台是指创意人利用平台征集他人的支持，并期望得到公众的小额资金支持作为落实项目的启动资本，最后将实施结果反馈于出资人的一个平台。网站将筹资渠道提供给网友，对出资人的信息进行分析、梳理和汇总，随后将实施结果对外公开，平台的收入就是与筹资人一起对利润进行分享。在网络上向大众筹集新项目或新公司的起步资金，以此作为融资渠道，融资方将自己的创意项目或公司信息发布于融资平台上，网络投资者按照个人判断进行投资，以较少的资金就能成为一个公司的股东。就创意提出人员或创业人员来说，利用众筹融资可以减少他们的创业经费，促进创新创业。

众筹最初是艰难奋斗的艺术家们为创作筹措资金的一个手段，现已演变成初创企业和个人为自己的项目争取资金的一个渠道。众筹网站使任何有创意的人都能向几乎完全陌生的人筹集到资金，消除了向传统投资者和机构融资的许多障碍。众筹的兴起源于美国网站 Kickstarter，该网站通过搭建网络平台面对公众筹资，让有创造力的人有机会获得所需要的资金，以便使他们的梦想有可能实现。这种模式的兴起打破了传统的融资模式，每一位普通人都可以通过该种模式获得从事某项创作或活动的资金。众筹在欧美逐渐成熟，并推广至亚洲、中南美洲、非洲等地区。现如今，我国众筹融资还处于发展初期，发展空间相当广阔。

（四）大数据金融模式

阿里巴巴的创始人马云在一次演讲中曾经说过，在许多人都不知道 PC 互联网是什么的时候，移动互联网诞生了，我们还不清楚移动互联网是什么的时候，大数据时代又到来了。可以肯定的是，我们迎来了大数据时代，当前发展最迅猛的金融业就是应用大数据技术的其中一个领域。大数据与金融业合作进一步促进了互联网金融的发展。金融领域积极应用大数据技术，包括定价领域、贷款领域、授信领域、车险领域以及风控领域等，分析客户的日常生活、消费以及浏览等行为，对顾客的金融需求进行追踪。以大数据为基础的金融服务平台出现于最近几年，其主营模式的功能具体有：对金融理财产品进行集合、对货币基金进行购买、利用网络进行保险理赔或销售。此模式与"去哪儿"的垂直搜索引擎模式相同，也就是将有借款需求的小型企业与有出借需求的中小型银行放在同一平台上，平台利用广告费或手续费的模式得到回报。各类银行与借款企业实施垂直搜索，发现顾客并吸引客户，从而完成交易，此类模式没有太大的政策风险，原因是资金流并未通过第三方平台。由于在互联网上从事金融服务的人员一般都是来自互联网行业，本身不太了解金融知识，在工作中也是以增强用户体验为主，并没有深入了解金融内涵，而客户的需求日益多元化，工作人员最需要考虑的问题就是怎样满足客户多元化的需求。现如今，我国金融业发展相对落后，不管是理财业务还是借贷业务，都不及发达国家，但有一少部分公司抓住金融服务业的缺点，对金融领域里的部分细分市场进行深耕，在长期努力中渐渐得到了大量客户的认可和信任。

在这个万物互联互通的时代，正不断加快构建一个与现实世界平行并进的数据世界，大数据时代的来临，使人类渐渐实施数据化生产模式，利用数据化技术生成新的原料，利用数据化方式收集新的需求，利用数据化技术实施商业营销以及货币交换活动，大数据完全走进普通人的生活。早在100多年前，率先应用大数据技术的行业是汽车行业，那些过去没有买车能力的美国工薪一族，突然就能买得起从前只能归富人拥有的汽车。对美国民众来说，他们最渴望的就是拥有一台福特车，而解决的办法就是大批量地生产，然而，大批量生产也存在一定的问题，批量生产虽然可以让每个人都有购买商品的可能，但却只能买到一模一样的商品，批量生产的商品虽然价格便宜，却不能使每一个客户的个性化需求都得到满足，因此，下一轮的革命就是大批量定制，将许多个性化、小成本的产品或服务提供给消费者。如客户有特殊需求时，生产商在满足客户需求的同时，又保证价格不会超出客户的可承受范围，应在厂家可承受的成本下研发出真正个性化的产品，要想全面掌握客户需求，就必须借助大数据技术。我们通过数据可以发现不同客户的消费特点：什么是他们最想要的，什么是他们最喜欢的，他们的需求有什么差异，可集合哪些客户需求，等等。

大数据根据海量数据，以数据挖掘技术系统分析数据，并在此基础上推出信用风险机制，通过这一机制去评价客户信用，若客户信用评价与放贷要求相符，则为其提供贷款服务。阿里小贷为客户提供的服务就是互联网金融服务，平台通过以往收集到的数据信息，将小贷服务提供给客户，供应链金融则利用供应链中各公司的合作关系进行融资服务供给，是有形模式之一。尽管大数据技术在金融领域得到了广泛的运用，同时也可以看到金融大数据运用面临挑战。一方面，金融行业的数据资产管理应用水平仍待提高。金融行业的数据资产管理仍存在数据质量不足、数据获取方式单一、数据标准化程度低等一系列问题：其一是金融数据质量不足，主要体现为数据缺失、数据重复、数据错误和数据格式不统一等多个方面；其二是金融行业数据来源相对单一，对外部数据的引入和应用仍需加强；其三是金融行业的数据标准化程度低，分散在多个数据系统中，现有的数据采集和应用分析能力难以满足当前大规模的数据分析要求，数据应用需求的响应速度仍不足。另一方面，金融大数据应用技术与业务探索仍需突破。金融机构原有的数据系统架构相对复杂，涉及的系统平台和供应商相对较多，实现大数据应用的技术改造难度较大，而且系统改造的同时必须保障业务系统的安全可靠运行。同时，金融行业的大数据分析应用模型仍处于探索阶段，成熟案例和解决方案仍相对较少，金融机构应用大数据需要投入大量的时间和成本进行调研和试错，一定程度上制约了金融机构大数据应用的积极性。而且，目前的应用实践反映出大数据分析的错误率还比较高，机器判断后的结果仍需要人工核查，资源利用效率和客户体验均有待提升。

（五）互联网理财模式

中国互联网一直在发展。从最早的门户、论坛、Web2.0、分类信息站、SNS这些纯信息方向的解决方案开始发展到逐渐解决线下各行业存在的问题，用户已经习惯了在互联网中生活，而开始不满足于简单获取信息，进而开始通过互联网改善生活。互联网理财，是互联网金融又一改变人们理财方式的模式运用，中国人过去的理财方式，除了银行提供的活期、定期以及国家发行的国债之外，只有基金和股票。但是随着新型理财应用——余额宝的火热推出，充分展现了互联网理财的长处，在产品设计方面，金融机构、基金公司跟阿里巴巴这个互联网巨头相比，无论是体验、渠道、商誉还是宣传，余额宝作为互联网理财模式的代表之一，无疑完胜。该模式主要是指借助互联网工具来发展理财业务，结合用户的实际需求和内外部环境的不断变化，对投资模型进行不断的调整和修改，利用互联网金融的各种优势和特点来提升理财服务质量，获得更大的效益。互联网理财模式近年来成为我国金融业务中最为主要的发展模式，腾讯《90后理财与消费报告》显示，投资理财收益成为"90后"最普遍的工资外收入来源，高达84.5%的"90后"偏爱在互联网平台理财，相比较而言，银行仅有42.6%的"90后"客户群。"90后"理财首选互联网，资金安全、收益率、灵活性是他们首先考虑的三大因素。

（六）虚拟货币模式

所谓虚拟货币，其实就是一种基于计算机运算下形成的，或由网络社区管理并推出的网络虚拟货币，可以购买网络游戏中的各类虚拟物品，如帽子、装备以及服饰等。电子商务的不断发展促进了电子货币的诞生，现有货币部分功能被便利性极强的电子货币取代，因为它能为人们带来更大的方便。虚拟货币与信用卡消费的体验几乎一致，都可以刺激用户消费。部分虚拟货币有着过大的发行量，致使这个币种迅速在其流动的区域形成通货膨胀，严重时会致使企业倒闭。

货币体制可能会因为虚拟货币的出现而受到一定的影响，所以，监管上就会严格得多。如外国的比特币、Facebook币、亚马逊币和我国的Q币等最为经典。在互联网发展之初，腾讯就率先将电子虚拟货币也就是Q币推出市场，它的兑换价格是1元=1Q币，能用来进行QQ号码充值或购买会员服务等，有线下购买渠道，也有线上购买渠道。比特币有别于大部分货币的是，比特币不是通过特定货币企业发行，而是利用特定算法，在大量计算下产生的，根据P2P平台中各个节点的分布数据库,对各项交易记录进行确定并记录下来,利用密码学方式使货币流通的安全性得到最大程度的保障。腾讯的Q币和亚马逊币都是虚拟货币,无法如同货币一样任意购买市场上的其他商品,也不能兑换现金,没有为实体经济带来任何影响。

六、互联网金融风险类型及防范措施

面对国际金融市场波动较大,不确定、不稳定因素增多的复杂形势,2019年以来国内金融领域改革不断推进,银行业保持稳健运行,资本市场风险隐患逐步有效化解,总体实现平稳运行,人民币汇率在合理均衡的水平上基本保持稳定,有效支撑了经济稳定发展。但也要看到,当前世界经济增长乏力,国内一些地区和产业发展面临较大困难。而如今,互联网金融的发展也面临一些风险,主要包括以下五类。

1. 信用风险

信用风险有时候也被称作违约风险。即交易一方因外部因素的影响或自身因素的变化,没有按照合同或合约履行,在一定时间内给对方造成了损失和危害。不同于传统金融模式,互联网金融市场中交易双方对彼此的了解程度要低很多或者双方了解程度差距很大,可能其中一方掌握对方几乎全部的资金交易信息,而另一方关于对方信息的了解很有限,这种不透明交易潜在地增加了信用风险爆发的概率。信用风险计量与经营盈利直接挂钩,比如各种信用类融资产品,风险计量不是把高风险客户都去掉,而是给予合适的准入门槛和不同的定价。信用风险计量和资本挂钩,大型金融机构对信用风险有专门的模型,从而对资本进行管理。

2. 道德风险

道德风险通常是指在信息不对称或者信息更新不及时的情况下,从事经济行为的主体在追求自身利益最大化的同时做出有损他人经济利益的行为,或者在不完全承担行为后果时采取了使自身利益最大化的措施。在互联网金融背景下,由于交易活动主要在网上进行,交易方的交易记录和相关信息自然就会保存在对应的数据库中。商业大背景下的市场交易竞争恰恰就是信息资源的时效性竞争，大多数情况下，优先掌握信息资源的一方在市场竞争中就会拥有绝对的主动权和话语权。市场对信息数据的强烈需求必然驱使一部分人窃取内部信息对外出售，现实中这样的例子也不在少数。信息被盗取滥用就会使道德风险增加。

3. 经营风险

经营风险是指企业在生产经营过程中由于内部因素或外部因素的影响导致企业价值降低的可能性。其中，由于互联网金融行业的进入门槛较低，大多数金融机构没有存款准备金制度等硬性要求，一旦受到各方因素的突发作用影响，极易产生资金流动性风险。外部因素主要是利率波动引起企业经营现金流量的变动，这也是导致经营风险产生的重要原因。经营风险不仅会影响企业的经营活动，而且影响程度的大小会直接体现在财务活动上，对互联网金融企业的经营风险必须防患于未然。

4. 网络安全风险

一方面，信息加密技术还不够成熟，数据传输的过程中或数据传输完成存入数据库后，都有可能被黑客攻击窃取数据，信息被不法分子得到后会造成极其严重的后果；另一方面，信息防护技术还不够完善，存在病毒感染风险。众所周知，互联网世界到处蔓延着病毒的足迹，一旦互联网金融交易平台或交易页面被病毒入侵，不仅会发生系统瘫痪、操作失灵等故障，而且注册账号的账户余额可能会迅速清零，几十万、上百万元甚至上亿元的资产转眼间就不知所踪。由于产品设计得不合理可能被认定为违规发售金融产品、非法集资等，导致平台及其经营人承担相应的法律责任。随着互联网金融的不断成熟，监管规则的持续完善，互联网金融行业必将告别野蛮扩张和无序竞争的阶段，业务经营的规范化和风险管理的系统化将是每个经营者和平台面临的挑战。在这个过程中，业务量大的平台会建立自己的完善的内部法务与外部律师相结合的风险管理团队，中小平台则更多依赖外部长期合作的机构，无形中必然增加律师的业务量。从产品设计的角度讲，互联网金融也是年轻律师新增的业务领域。在市场面前，大家都面临着相同的问题，没有监管细则，没有成熟的经验，大家都要从实践中的各种业务模式中去研究和发现现存模式存在的问题并找到解决办法，如此才能为客户带来真正的价值，并为自身的业务拓展更大的空间。实际上，互联网金融并非对传统金融的颠覆，只是以新的方式将传统金融的作用发挥得更好，将资金的供给端和使用端联系得更紧密。

5. 法律与监管风险

互联网金融的快速发展促进了金融市场资源的进一步优化配置，但由于法律制度的缺失也造成了很大的问题。以 P2P 为例，兴起之时，由于没有相应的法律条文作为依据，P2P 疯狂发展，无人规制，导致的结果就是一些金融机构卷钱而逃，众多中小投资者损失惨重。一方面，互联网金融相较于传统金融，法律规范概念模糊、不明确，有些条文属于模棱两可，实务操作中属于可罚可不罚的情形，无法形成强有力的制度约束；另一方面，政策上从一开始就有倾向性，始终强调要支持互联网新型经济模式的发展创新，导致新型互联网金融机构的快速产生和发展。互联网企业同样具有社会企业的属性，这里所说的社会企业类似公众企业，相区别于传统的个人或家庭经营模式下的企业，社会企业的特征是企业的资源来自社会而非家庭积累，例如很多互联网金融企业的启动资金就来自公众投资，企业发展中还要不断融资；社会化属性还表现在企业的其他资源也来自社会并且要求股权回报，最主要的是人才资源。互联网时代，传统的熟人社会格局被彻底打破，志同道合创业的人不再局限于老朋友、老同事，可能是远隔重洋的异邦人，例如蔡崇信跟马云原本没有任何合作，能走到一起就是最好的体现。互联网时代企业的这些特征决定了资源组合突破了家人、朋友的小圈子，游戏规则也更多地依赖法律的调整，其中包括各股东如何出资、如何管理公司、如何分配利润的基本问题，也包括在管理和资源对接上对公司付出多的股东利益如何体现和保护的问题，还包括那些虽然不出资或者出资较少，但是对公司贡献却很大的股东或员工如何体现收益与回报的问题，这些问题需要股东之间友好协商，也需要结合我们的法律制订出合理的方案和文件，这就需要有经验的律师参与并对实际问题进行具体研究。

李克强总理在 2019 年 1 月 4 日考察中国银行、中国工商银行、中国建设银行时明确指出，提高金融资源配置效率、有效防范金融风险，关键在于深化改革。具体表现为以下几点：第一，要深入推进金融领域简政放权、放管结合、优化服务，有序发展民营银行、消费金融公司等中小金融机构，丰富金融服务主体；第二，多渠道推动股权融资，探索建立多层次资本市场转型机制，发展服务中小企业的区域性股权市场，促进债券市场健康发展，提高直接融资比重；第三，做好顶层设计，运用市场化、法治化方式，采取综合措施，逐步降低非金融类企业的杠杆率，加强各类金融市场的制度建设，强化金融机构内控合规管理；第四，根据新形势、新要求，改革和完善金融监管体制。有关部门要恪尽职守、守土有责，尤其要加强对跨市场、跨行业、跨机构交叉感染风险的监测、识别和预警，高度关注跨境资本异常流动，推进互联网金融风险专项整治工作，有效遏制非法集资、非法金融活动，做好前瞻性调控和应急性管理，坚决守住不发生系统性区域性金融风险的底线。针对互联网金融的法律制度缺陷，暗示着多数金融监管措施必然也是无效的。部分金融机构的行为虽然触及宣布的监管底线，但是由于受到宏观政策的压力，监管机构必然不会对其进行任何处罚。部分金融机构利用法律规范概念的模糊性，故意绕开明确规定的限制条例，踩在模棱两可的法律概念上，致使监管无从下手，监管力度严重受限。

第三章

金融消费者权益保护概况

一、金融消费者所拥有的权利类型

国务院办公厅出台了《关于加强金融消费者权益保护工作的指导意见》，该条例对我国进一步加强金融消费者权益保护、提升金融消费者信心、促进金融市场健康运行、维护国家金融稳定、实现全面建成小康社会战略目标具有重要意义。《关于加强金融消费者权益保护工作的指导意见》指出要坚持市场化和法治化原则，坚持审慎监管与行为监管相结合，建立健全金融消费者权益保护监管机制和保障机制，规范金融机构行为，培育公平竞争和诚信的市场环境，切实保护金融消费者合法权益，防范和化解金融风险，促进金融业持续健康发展。明确金融管理部门要按照职责分工，切实做好各自职责范围内金融消费者权益保护的工作；各类金融机构负有保护金融消费者基本权利，依法、合规开展经营活动的义务；金融领域相关社会组织应协助金融消费者依法维权，发挥其在金融消费者权益保护中的重要作用。提出要健全金融消费者权益保护机制，明确金融机构在金融消费者保护方面的行为规范，保障金融消费者财产安全权、知情权、自主选择权、公平交易权、依法求偿权、受教育权、受尊重权、信息安全权，金融机构应将保护金融消费者的合法权益纳入公司治理、企业文化建设和经营发展战略中统筹规划，建立金融消费者适当性制度。明确要完善的监督管理机制，从完善金融管理部门工作机制和落实监督管理职责的角度出发，提出完善金融消费者权益保护法律法规和规章制度；加强金融消费者权益保护监督管理；健全金融消费者权益保护工作机制；促进金融市场公平竞争。提出了建立金融知识普及长效机制、纠纷多元化解决机制等六项金融消费者权益保障机制，通过完善配套措施和各种手段，实现对金融消费者基本权利的全面保障。要求各地区、各有关部门要充分认识加强金融消费者权益保护工作的重要意义，加强组织领导，明确工作责任，按照职责分工，抓紧出台相关的配套措施，共同营造有利于金融消费者权益保护的政策环境和保障机制。《关于加强金融消费者权益保护工作的指导意见》首次从国家层面对金融消费者权益保护进行具体规定，强调保障金融消费者的八项权利，这八项权利主要包括以下内容。

1. 金融消费者的财产权

金融机构应当依法维护金融消费者在购买金融产品和接受金融服务过程中的财产安全。金融机构应当审慎经营，建立严格的内控措施和科学的技术监控手段，严格区分机构自身资产和客户资产，不得挪用、占用客户资金。

2. 金融消费者的知情权

所谓金融消费者的知情权，是指消费者在购买金融产品或金融服务之时或之后，有了解真相及与产品有关其他信息的权利。金融机构在发行金融产品的过程中，不得有任何隐瞒或夸大行为，比如说夸大收益、风险欺诈或隐瞒信息等误导性的宣传，对消费者而言，享有知晓其购买的金融产品或者接受的金融服务真实情况的权利。

3. 金融消费者的自主选择权

消费者有权自主选择是众所周知的，但消费者选择产品时受金融机构规定的条款限制，因此自主性总是被忽略。国务院出台的《关于加强金融消费者权益保护工作的指导意见》指出，涉及的金融机构应当按照法律规定，让消费者自行选择决定是否购买金融产品或接受金融服务，不反对消费者的需求，要尊重消费者的消费偏好，尊重消费者的合理选择。同时，消费者也具有自主选择金融机构、产品或者服务的权利。

4. 消费者的公平交易权

金融消费者在双方签订合同时，要互相尊重，坚持诚信，维护公平，注重契约精神，不能强制交易或违反法律条款，合同中规定的费用要按照合同约定履行。同时，金融消费者在购买金融产品或者接受金融服务时，有机会均等、自愿交易、收费合理等公平交易的权利。

5. 金融消费者的求偿权

求偿权是指金融消费者因购买、使用商品或者接受服务受到人身财产损害时，享有请求金融机构赔偿的权利。由于消费者自己的原因给金融机构造成损害，如果金融机构的请求没有得到适当的满足，其也有权向法院或仲裁机构提出要求消费者赔偿的请求，由法院或仲裁机构进行仲裁或司法裁决。

6. 金融消费者有接受教育的权利

金融消费者可以获得金融机构有关金融知识教育的权利，提高自身防范风险的意识。接受教育对消费者来说是一项必备课程，受教育权关系到金融消费者对金融产品的了解程度。我们常常说，受教育权是公民的一项权利，放在金融消费者身上同样适用，金融消费者的受教育权应该成为公民发展保障的一项权利。

7. 金融消费者的受尊重权

要求金融机构充分尊重并自觉保障金融消费者的财产安全权、知情权、自主选择权、公平交易权、受教育权、信息安全权等基本权利，依法、合规开展经营活动。此外，金融机构应尊重金融消费者的人格尊严和民族风俗习惯，不因金融消费者的性别、年龄、民族或国籍等不同而进行歧视性差别对待。

8. 金融消费者的信息安全权

金融机构应当采取有效措施加强对第三方合作机构的管理，明确双方的权利、义务关系，严格防控金融消费者信息泄露的风险，保障金融消费者的信息安全。公民的隐私权是公民对个人信息享有的保密权利，而这些都需要金融机构作为"最高机密"进行保管，不能泄露给任何人。

消费者在购买商品的时候一定要看清该商品的品牌和价格，对生产日期、保质期、使用性能以及规格、型号、生产批号等产品信息也要充分了解。消费时一定索要消费凭证，正规发票、超市购物发票以及手写的各类收据都可以作为有效的消费凭证，凭证上注好所购商品的名称、型号、价格、购物日期、商店地址、字号等，并妥善保存，一定不能丢失，因为消费凭证是日后维权的重要依据。在买到商品或者接受服务后出现问题的，要注意保存好证据，用录音、录像、拍照等方式把证据固定下来。消费者的权益受到侵害时，可以通过请求消费者协会调解、向有关行政部门申诉、与经营者协商、向法院起诉等方式获得救济。

二、金融消费者权益保护的法律规范

(一)《中华人民共和国消费者权益保护法》

我国对传统消费者保护已经形成了一定的体系，《中华人民共和国消费者权益保护法》是一部系统保护消费者权益的法律。在该法案中，明确了消费者权益保护的基本原则、消费者的权利与经营者的义务、消费者权益受到损害时的救济途径以及法律责任，同时在法律规定下成立消费者协会，并以法律的形式确定了协会的性质。而金融消费者属于消费者的范畴，是"消费者这个概念在金融行业的特定化与体现"。显然，《中华人民共和国消费者权益保护法》适用于金融消费者。

(二) 其他金融类法律

在金融领域，我国专门针对金融消费者权益保护的法律还包括其他具体金融行业的相关法律，主要包括《中华人民共和国中国人民银行法》(以下简称《中国人民银行法》)、《中华人民共和国商业银行法》(以下简称《商业银行法》)、《中华人民共和国银行业监督管理法》(以下简称《银行业监督管理法》)等银行业监管的基础性法律以及《中华人民共和国证券法》(以下简称《证券法》)、《中华人民共和国证券投资基金法》(以下简称《证券投资基金法》)、《中华人民共和国保险法》(以下简称《保险法》)中关于金融消费者权益保护的内容。《中国人民银行法》通过维护金融体系稳定,间接保护银行消费者的利益,在该法第五章中确立了中国人民银行的监管责任,对金融市场进行宏观调控,保证金融机构合规经营,保证整个国家的金融系统的稳定和有序发展,因此,该法可以保护金融消费者权益。《商业银行法》第1条确立了立法目标之一是"保护存款人和其他客户的合法权益"。《商业银行法》在第三章专设"存款人保护"制度,从第29条至第33条,既规定了"存款自愿、取款自由、存款有息、为存款人保密"的原则,也规定了商业银行对存款人负有的义务,包括公告义务、告知义务、信息保护义务等内容。《银行业监督管理法》第1条亦确立了以"保护存款人和其他客户的合法权益"作为立法目标之一,同时将"维护公众对银行的信心"列为银行监管的目标。该法主要规定了银行业监管部门的职责以及银行金融机构的义务,通过赋予金融业经营者的义务,保障金融消费者的知情权。《证券法》确定了对证券类金融投资者权益的保护原则以及相关的具体规定。该法首先明确了立法宗旨是保护投资者权益。该法还包括证券投资者保护基金制度,投资者财产安全保护措施,对证券产品经营者的违法责任,等等。《证券投资基金法》是专门对证券类投资基金进行调整的法律。当前,各国的金融消费者均进行着大规模的以证券基金为主要形式的投资行为。为了保障各类基金投资的安全,该法规定了市场准入标准、交易行为规范、信息披露规则以及证券监督管理机构的职责。《保险法》第1条将保护活动当事人保险的合法权益作为立法宗旨。该法在防止保险机构制定霸王条款,规定保险机构的合同提示、告知与说明义务,以及保险理赔程序等方面均作了明确规定，有效地保障了保险活动当事人的合法权益。

(三) 基础性法规及部门规章

国务院、中国人民银行和银保监会制定了一系列部门规章和规范性文件，构成银行消费者权益保护的主要法律依据。国务院发布的《储蓄管理条例》《个人存款账户实名制规定》等行政法规，均规定了保护银行消费者权益的相关内容。如中国人民银行颁布的《银行卡业务管理办法》，银保监会颁布的《商业银行服务价格管理暂行办法》《商业银行个人理财业务暂行办法》《商业银行信息披露办法》《商业银行信用卡业务监督管理办法》等部门规章和规范性文件，规范商业银行各类行为，保护银行消费者利益。中国证券监督管理部门颁布了与证券类金融投资者权益相关的行政法规与部门规章。如《期货交易管理条例》《证券公司风险处置条例》《证券公司监督管理条例》《证券、期货投资咨询管理暂行办法》《证券市场禁入暂行规定》《上市公司信息披露管理办法》《证券投资者保护基金管理办法》《关于进一步加强投资者教育、强化市场监管有关工作的通知》等。

(四) 专门性规章

2016年，中国人民银行颁布了《中国人民银行金融消费者权益保护实施办法》，该文件属于部门规章，是中国目前对金融消费者权益保护最为重要的法律文件，共六章50条，主要规定了经营者的经营行为规范、消费者信息保护、投诉与受理，以及监管制度等内容。在经营者经营行为规范方面，首先明确规定了金融机构应该建立内控制度，以保护消费者的知情权、消费安全权、教育权等权利；其次，金融机构应该定期开展消费者教育培训活动；最后，金融机构负有保障消费者资产安全、信息保护、披露义务、提示与说明义务，以及保留资料义务等。在消费者信息保护方面，首先，明确了消费者信息的范围；其次，明确经营者在抽取消费者信息方面的基本行为规范以及禁止性规定；最后，规定了经营者应当建立消费者信息保护的基本制度。在投诉与受理方面，首先，规定了中国人民银行及其分支机构作为金融消费争议的受理部门；其次，规定了争议与受理的基本流程指引；再次，规定了金融机构的争议处理反馈义务；最后，规定了中国人民银行及其分支机构的调查权范围及程序。在监管制度方面，首先，规定了中国人民银行的监管职责范围；其次，规定了专门针对侵害金融消费者权益的约谈制度。

(五) 规范性法律文件及司法解释

除了上述保护金融消费者权益的法律法规外，我国还存在保护金融消费者权益的大量规范性法律文件。例如，国务院颁布的《国务院办公厅关于加强金融消费者权益保护工作的指导意见》，中国银监会2013年颁布的《银行业消费者权益保护工作指引》，中国保监会2017年印发的《中国保监会关于加强保险消费风险提示工作的意见》、2018年印发的《反保险欺诈指引》等。《国务院办公厅关于加强金融消费者权益保护工作的指导意见》的出台从宏观上确立了国家保护金融消费者权益的指导原则、基本方法。该法律文件并不仅仅要求建立健全金融消费者权益保护机制，还明确规定了金融消费者的八项权利。《银行业消费者权益保护工作指引》则是银行业中消费者权益保护的基本操作手册。《中国保监会关于加强保险消费风险提示工作的意见》则对保险机构在从事保险业务中应负有的提示义务进行了具体规定。《反保险欺诈指引》总体上规定了保险业金融机构应该建立防范保险欺诈的制度，并具体规定了监管职责、经营者义务以及消费者权利保护细则。例如，第35条规定了保险业金融机构应该开展反欺诈教育，保护消费者的受教育权。

我国最高人民法院发布的司法解释具有法律效力。最高人民法院发布了大量与金融消费者权益相关的司法解释，如《最高人民法院关于适用〈中华人民共和国保险法〉若干问题的解释》《最高人民法院关于审理民间借贷案件适用法律若干问题的规定》《关于审理证券市场因虚假陈述行为引发的民事赔偿案件的若干规定》等。

三、对《中国人民银行金融消费者权益保护实施办法》的解读

为了更好地保障金融消费者的合法权益和规范金融机构的行为,中国人民银行于 2016 年 12 月 14 日印发了《中国人民银行金融消费者权益保护实施办法》。解读其中与金融消费者利益密切相关的条款,我们可以总结出以下几点。

(一)关于信息披露的内容

央视调查新闻曾报道:黑客仅需一个手机号,就可以查到任何人的身份证号码、名下的房产、购车情况、住宿记录、通话记录、电商收货地址详单、精准到地点和时间的打车记录,甚至实时位置都可以被精准定位。对个人而言,通过事后个案维权保护个人信息的方案,通常成本过高且收效甚微,最高效的方式还是提前防范,但前提是消费者需要知道哪些是常见的"套路",会导致个人隐私泄露。消费者在日常生活中,不要随意丢弃含个人信息的票据,火车票、飞机行程单、快递单、银行对账单等,这些往往都包含重要的个人信息,一旦落入不法分子手中,产生的严重后果不言而喻。当前,无论是网络购物,还是虚拟社区注册,抑或是在社交工具上发布信息,都要注意个人信息的保护。

(二)关于营销禁止的内容

金融机构在营销活动中应当遵循诚信原则,不得侵害金融消费者的八项权利,尤其不得有以下行为:虚假、欺诈、隐瞒或引人误解的宣传;对业绩或者产品收益等夸大宣传;利用金融管理部门对金融产品和服务的审核或者备案程序,误导金融消费者认为金融管理部门已对该金融产品和服务提供保障;对未按要求经金融管理部门核准或者备案的金融产品和服务进行预先宣传或者促销;非保本投资型金融产品营销内容使金融消费者误信能保证本金安全或者保证盈利。

（三）关于合同文本管理和格式条款的内容

金融消费者在购买金融产品和服务时，不可避免地要与合同文本打交道，在打交道的过程中，金融消费者要注意合同文本中的以下内容：（1）合同当事人的名称或者姓名、国籍、主营场所或者住所；（2）合同签订的日期和地点；（3）合同的类型、标的种类及范围；（4）合同标的的技术条件、质量、数量和标准；（5）合同履行的期限、地点和方式；（6）价格条款；（7）违约责任；（8）解决争议的方法；（9）合同使用的文字及其效力。一般而言，金融机构事先拟定的格式条款是不允许修改的，但是在当事人双方经过协商，修改了若干格式条款后，这些被修改的格式条款就不再是格式条款了，而是一对一进行协商的条款，不再适用《中华人民共和国合同法》第39、40、41条关于格式条款的规定。

（四）关于个人金融信息保护的内容

生活在这样一个金融消费者法律体系还未充分完善的时代，我们要保护好个人信息。我们可以从生活中的一点一滴入手，实行保护。如扔掉的快递包裹，一定要处理掉姓名、电话等个人信息；尽可能不要在线填表，尤其是个人重要信息，除非必须提供，否则尽量不要填写个人真实资料；尽可能使用授权登录，包括各类社交工具的授权登录；重要证件照片用完即删除，尽量不要留存在手机或网盘内；尽量使用手机流量，慎用公共 Wi-Fi，另外需要把手机 Wi-Fi 连接设置为手动，确认为安全、可信的 Wi-Fi 再连接使用；不要随意弃用手机号，特别是关联重要服务的手机号，弃号前须逐个取消关联，否则极有可能带来经济损失；避免在社交媒体随意公开自己及家人的隐私信息；不使用的各类重要账户，及时注销，处理掉姓名、电话等的绑定；不点击浏览不知名的网站，不随意下载来历不明的应用软件，可以有效避免电脑或手机中毒；不在社交媒体上公开自己的位置、家庭成员等信息，避免他人诈骗；保持电脑杀毒软件开启并实时运行状态。相较于个人信息的泄露，企业数据泄露往往是被黑客利用高科技手段入侵攻击，尤其是 2018 年，这一年频频发生的重大企业信息泄漏事件，一度成为信息安全领域的热门话题，备受社会各界的关注和重视。

第四章

互联网金融平台现状及防范措施
——依托对黑龙江省的调研

数字科技在推动金融行业加快转型的同时，也带动了监管科技的迅速走热。最近，越来越多的地方将科技监管、严防风险的工作作为互联网金融工作的重中之重。据了解，已经有广州、西安、贵阳等多个城市的金融局（办）与当地业务量大的互联网金融机构签订共同推进地方金融风险防控和金融科技创新发展的合作协议。例如，蚂蚁金服和广州市金融局在防控金融风险领域开展合作，共建金融科技创新实验室，以对地方金融风险进行识别和预警，更好地保护金融消费者的合法权益。为推动互联网与普惠金融融合发展，更好地促进黑龙江省经济的持续健康发展和民生改善，加快互联网金融平台的建设与安全防范，笔者针对互联网金融平台存在的风险在黑龙江省开展了调查问卷形式的研究。调查问卷如下。

黑龙江省互联网金融平台风险的调查问卷
（金融机构及其工作人员）

您好：

  我们正在进行一项关于黑龙江省互联网金融平台风险问题的调研，想邀请您用几分钟的时间帮忙填一下这份问卷。本问卷实行匿名制，所有数据只用于统计分析,请您放心填写。题目选项无对错之分,请您按照自己的实际情况填写。谢谢您的帮助与合作。

Q1:您所在的城市是?

城市:＿＿＿＿＿＿＿＿＿＿＿＿＿＿＿＿＿＿＿＿

区/县:＿＿＿＿＿＿＿＿＿＿＿＿＿＿＿＿＿＿＿

Q2:请问您认为目前黑龙江省互联网金融平台的市场环境和发展态势如何?

☐市场环境健康积极,发展良好,是前景很好的新兴行业。

☐市场环境还不够成熟,各方面制度还未建立健全,加之互联网环境自身的风险性特征,互联网金融平台的发展虽然迅速却潜藏着大量危机,是需要大力规制的行业。

☐市场环境相对较差,几乎无制度可言,市场主体良莠不齐,监管方面可谓一片空白,是高风险的行业。

Q3:您认为现在市场对互联网金融平台的态度是?

☐便捷、安全,值得信赖并显著提高生活质量。

☐虽然有一定的风险,但使用便捷,个别产品收益稳定、可观,相对满意。

☐还不够成熟,具备相当的风险,易于滋生犯罪行为,希望得到更好的规范以为民所用。

☐不安全,容易滋生犯罪,应当限制其发展。

Q4:现在已经进入了大数据时代,在这种环境下,您对互联网金融平台运行风险的认识是?

☐现在取得数据更容易且数据形态多样、完整,这有效保证了互联网金融平台运作的风险控制。

☐虽然现在是大数据时代,但在这一领域,数据的完整性和真实性无法得到有效的保证,责任主体不明确,监管措施亦有缺位。

☐不太清楚这二者之间的关系。

Q5：对互联网金融平台的风险情况，您的看法是？

☐风险很小。

☐有一定的风险，需要有效的管制。

☐属于高风险的行业，就目前的条件还不宜发展该行业。

Q6：对互联网金融平台的风险情况，您或您的单位是否进行过相应的调查研究？

☐是。

☐否。

☐不太清楚。

Q7：对互联网金融平台运作的规制情况，您的认识是？

☐对这一领域的监管和规制还很匮乏，即使有也只是框架性的，并不能起到实际作用，亟须完善。

☐已建立了相应的监管制度，但还不够完善，需要进一步补充。

☐对这一领域的制度制定较为完善，监管体系全面。

Q8：对现在互联网金融市场上的规制情况，您的态度和反应是？

☐对现在的规制情况不满意，单位自身建立了一定的风险防范措施。

☐对现在的规制情况不满意，但并未建立自己内部的风险防范措施。

☐对现在的规制情况较为满意。

☐对现在的规制情况很满意，符合自由市场的特征。

Q9：您是否遇到过互联网金融犯罪的疑难案件？

☐有。

☐没有。

Q10：您认为互联网金融平台与传统金融市场的关系是？

☐随着科技的进步以及网络技术的发展，实现了金融功能在网络上的发挥，需要鼓励互联网金融业的发展。

☐传统金融风险管理建立在实物线索基础上，在管控的方法、工具和基础计量模型等方面都已相当成熟，而对互联网金融的风险防治则相对薄弱。

☐互联网金融的大环境还不够成熟，需要适度的限制，防止出现网络金融平台的垄断情况。

☐互联网金融平台的发展和传统金融的发展是相辅相成的关系，应更多地将注意力放在这两者的优势互补、协调发展上。

Q11：相较于传统金融市场，您认为互联网金融平台的吸引力在于？

☐互联网技术使得个人及机构与金融相关的信息，如交易费用、风险评估、信用评价变得更易于获取。

☐智能搜索引擎使得用户的金融需求能得到相对智能的满足。

☐互联网环境下，双方信息得到最大程度上的堆成，形成"充分交易可能性集合"。

☐交易方式的不同使得用户的行为状态得到记录并上传至云端，使得金融机构得以对个人提供更具有针对性的服务。

Q12：在"余额宝"之后，一些基金公司和商业银行相继推出一系列类似余额宝的理财产品，比如微信理财通、百度百赚、苏宁零钱宝等，对此，您的看法是？

☐这是互联网与金融相结合的产物，是未来金融业的发展方向。

☐此类金融产品的不断增多以及近期产品收益率不断下滑，在一定程度上暴露了行业发展中还存在许多问题，亟须有效的监管和规范。

☐新兴的互联网金融市场中公司良莠不齐，很多公司的自身发展不够规范，甚至碰触非法集资的法律底线，也容易造成过度竞争。

Q13：您认为互联网金融平台存在哪些值得重视的风险问题？

☐网络技术风险。

☐网络操作人员的道德失控。

☐信息的失真失全情况。

☐拆标等造成的流动性风险。

☐线上交易的隐蔽性所隐含的欺诈风险。

第四章 互联网金融平台现状及防范措施——依托对黑龙江省的调研

Q14：您的单位对互联网金融平台的风险防控设置了哪些措施？

□为客户进行了必要的项目和产品的风险提示。

□将支付账户托管给银行。

□运用商业银行的支付账户。

□和金融产品的供应商共同建立赔偿和备付基金，确保因交易违法而产生的损失能得到先行赔偿。

□制订了流动性风险的紧急应对策略。

□严格管理客户备付金。

□未特别准备相关措施。

Q15：您认为互联网金融平台在规范上的难点是？

□缺乏有效的法律法规。

□监管需要相当的业务能力和监管水平。

□行业内经营者素质良莠不齐、经营秩序混乱。

□网络安全本身存在一定问题。

□支持互联网金融平台运作的数据需要正确的处理，要有良好的技术环境和人文环境。

Q16：您认为造成规范互联网金融平台相对困难的原因在于？

□互联网金融属于一个新兴行业，规范手段的滞后性使得对该行业的规范出现了一定的空白。

□互联网金融行业还未建立起内部控制体制，还未建立行业准入门槛、行业公约等。

□互联网金融平台的涉众对象太广。

Q17：您认为应从哪些方面规范互联网金融平台的运行？

□出台相关的法律法规。

□培养、选拔专业人才，建立一个专业的监管部门对该领域进行监督管理。

□督促互联网金融服务的提供商建立内部控制体系。

Q18：对互联网金融平台的风险规制和犯罪预防，您还有什么看法？

针对黑龙江省互联网金融机构的调查问卷，课题组主要走访调研了三个部门机构，分别是哈尔滨光大银行中宣支行、信和财富哈尔滨财富中心以及哈尔滨永诚财产保险黑龙江分公司。通过实地调研、座谈讨论以及问卷调查，简单了解到黑龙江省目前的互联网金融机构在开展业务中存在的问题。在调研过程中可以看出，黑龙江省政府部门对互联网金融机构的发展是大力扶持的，政府部门一直强调要促进金融对外开放，积极服务"一带一路"建设，更好地发挥金融资源聚合效应。要着力防范化解金融风险，准确判断风险隐患，整治金融乱象，加强制度建设，确保金融业风险可控、高效稳健运行。

但是，互联网金融是近几年才发展起来的新生事物，在法律保障方面一直处于不完善的状态，所以表现出的问题也层出不穷。问卷的调查结果表现出问题主要体现在第三方支付、P2P 网络借贷等领域。

一、黑龙江省互联网金融平台发展情况

（一）随着互联网金融监管体系的完善，平台数量逐渐减少，投资、借款人数逐渐下降

自 2016 年以来，全国范围内出现问题的网贷平台数量呈下降趋势，监管效果开始显现，黑龙江省也如此。尽管这样，互联网金融平台暴力催收问题以及借款利率过高的问题依旧存在，远超出法律规定的红线。广州市金融局局长邱亿通表示："随着数字化中国战略的推进，金融业态不断创新，地方金融监管部门的责任越来越重，与过去不同的是，金融风险通过互联网蔓延，呈现高隐蔽、跨地域和扩散快等特点。地方金融监管水平和市场发展水平必须相匹配，'金融+互联网'的趋势不可阻挡，因此互联网化的管理方法必须跟上。"目前黑龙江省的监管科技运用于监管事中阶段较多，对监管数据的自动化采集和对风险态势的智能化分析运用日益成熟。同时监管科技在监管事前、事后阶段的运用也在加强，正在走向金融监管的全链条运用。

同时，黑龙江省金融监管机构除了自身加强技术研发之外，也在寻求与银行等金融机构以及金融科技公司等第三方机构合作的研发模式。"监管科技在国外发展不断推动行业进步的同时，也为国内监管科技运用带来了一些新的启示。"京东金融研究院院长孟昭莉表示，在我国金融行业深度发展的重要阶段，通过监管科技可能帮助监管端更好地实现金融监管，同时也能帮助合规端有效提高合规效率、降低违规风险，从而助力中国互联网金融的行稳致远。为此，黑龙江省互联网金融监管体系认识到以下几点：第一，监管有其必要性，但是目前已经错过最佳时机，因为规模已经上来，简单的一刀切肯定不行；第二，金融的核心不在规模，而是风险防控；第三，合格投资人的门槛只是简单借鉴欧美标准，本身就有问题；第四，监管层不够与时俱进，并未理解互联网带来的社会革命；第五，好的监管是顺势而为，而不是置市场现实于不顾；第六，监管机构的人员能力与薪资不成正比，导致大量人才流失。近年来，黑龙江省互联网金融平台的核心逐渐提升到重视如何解决金融风险的问题上来，减少了对发放贷款的关注，这样更有助于互联网金融模式的创新与运行。

(二) 黑龙江省互联网金融行业要解决的问题依旧很多

互联网金融是科技发展到一定阶段的成果。倘若互联网金融发展到极致，那么人类社会的发展将会出现两个脉络：提高效率和降低成本。黑龙江省的互联网金融也不例外。改革开放的大门只会越开越大，互联网金融也会随着改革开放的步伐逐渐加速，以此进一步促进黑龙江省的社会经济发展。目前，黑龙江省互联网金融行业面临着巨大的发展机遇，同时也存在着一定的问题（见表4-1），如果这些问题得到妥善处理，将会对黑龙江省互联网金融的发展起着巨大的推动作用。

表 4-1 黑龙江省互联网金融行业存在的主要问题

存在的问题	分析
监管缺乏	互联网金融作为新型的金融业态，通过现有的金融监管体系对其进行监管，存在一定的监管缺位
风险大	互联网金融行业进入门槛相对不高，主体质量参差不齐，难以保障安全；信息技术不完善，本身隐藏风险；互联网金融企业风险控制技术和体系不完善，平台无法有效把控资产端风险，容易出现违约的情况
规模有限	互联网金融目前的融资规模十分有限，相对银行系统来说，能够解决的贷款需求非常小
现金贷实际利率远超红线	很多市面上的现金贷，借 1 万元表面利率 14%，如果算上各种手续费以及滞纳金，实际利率远超 36% 的法律红线，是赤裸裸的高利贷
暴力催收	很多互联网金融平台对贷款违约采取骚扰借款人甚至暴力催收的方式，在社会上造成了很恶劣的影响

二、黑龙江省互联网金融平台的防范措施及建议

（一）严格准入

我国工商管理部门和金融监管部门必须要进一步严格把控准入机制，对未经批准和授权而从事金融活动的非法组织必须要给予严厉的处罚。组织注册名称或者是经营范围中存在与金融活动相关字样的，由金融部门对其进行持续监督和检查，在日常的监管过程中必须要将这些组织列入重点监管的范围和对象，通过对其的持续监管来防止金融风险的发生，并且要及时对其进行整改和治理。目前，黑龙江省互联网金融业的准入门槛虽然被降低了，但是监管难度却在逐年增加，同时，很多规则并不完善；黑龙江省的互联网金融更多走的是流量模式，即用户多但

资金量不大。流量模式意味着有更多的商家入户，但资金投放量却不见增长。所以黑龙江省的互联网金融应该严格控制线上商户准入门槛，加大资金规模的投放量。

(二) 分类处置

在进行监管的过程中，需要针对不同的情况采用不同类型的处置方式。对违反法律法规及制度的机构，要采用相关的措施和方法对其运营进行规范，在合理的范围内支持其合法发展；对运营不规范、在运营过程中对风险控制不够重视以及风险控制能力不足的机构，要责令其进行改正，对在规定的时间范围之内整改不到位的，在必要的情况下注销其营业资格；对涉嫌违法的机构，责令其退出市场。2019年，中国银行保险监督管理委员会主席郭树清强调，银保监会将坚决治理各种金融乱象，把防控金融风险放到更加突出的位置上，确保金融市场不发生很大程度的变动。黑龙江省应紧紧把握互联网金融稳序推进，分类实施互联网金融调控，促进互联网金融市场平稳健康地发展，让绿色消费在黑龙江省蔚然成风。

(三) 强化资金监测

资金安全是决定互联网金融成功与否的关键因素，这就要求相关部门必须进一步加强对资金的监测和监管。在监管的过程中需要针对股东身份、资金账户、资金来源、资金管理等多个方面进行持续不断的监测，并且要求第三方金融机构在发展的过程中为确保资金的安全性，必须按照规定采用资金第三方存管制度。在进行监管时需要对其资金账户进行全面的监测，防止因为资金出现问题而引发风险。例如查验线上银行存管的真实性，可以采用以下几个方法：(1) 查验平台运营公司与银行的资金监管合作协议，可以要求平台运营公司提供；(2) 留意实名认证、存管开户、充值的流程，是否跳转到了平台宣传的存管银行页面；(3) 现在部分存管银行在其自己的官网有对应的存管账号入口，用户可以从存管银行的相关入口查验存管的真实性。因为网贷平台安全性的核心要素是项目的真实性，也就是说，平台上发布的每一个借款项目都应该是一一对应的，包括用途对应、借款人对应、金额对应和期限对应等。因此，如果顾客希望长期投资一个平台，最稳妥的办法就是随机抽查平台过往借款项目资料和对应的资金流水，确保是否满足上述所说的一一对应。所以，对黑龙江省的互联网金融发展而言，强化资金监管检测对客户选择网贷平台无疑是至关重要的。

（四）整治不正当竞争

从目前的情况来看，部分互联网金融机构为了进一步提升市场份额，吸引客户，采取各种不正当的手段进行竞争，例如提供资金补贴、交叉补贴等，这种不正当的竞争方式带来了较大的风险，因此相关监管部门必须要整治这些不正当竞争的行为，进一步强化互联网金融机构的信息披露，维护互联网金融市场的有序发展。《中华人民共和国反不正当竞争法》规定禁止"刷单""刷钻"条款，其立法的主要目的是禁止电商平台上的买水军刷好（差）评、组织水军刷好（差）评等行为，规范网络交易，整治网络"刷单"乱象。应告诫通过网络电商平台进行生产经营活动的经营者注意宣传方法的合法性，更好地整治互联网金融的不正当竞争。

（五）加强内控管理

地方金融监管部门需要持续不断地对互联网金融平台进行排查，要求互联网金融平台在运营的过程中进一步强化内部控制和内部管理，通过内部控制和内部管理规范互联网平台的运营，防止在运营中出现风险。不仅要求互联网运营机构建立针对性的内部控制制度，同时要采取相关的保障性措施，将内部控制制度落到实处，提升内部控制和管理的能力和效果。一般来说，互联网金融的内控缺陷主要有以下几方面：(1) 互联网安全风险，互联网企业有别于一般的生产制造企业，其面临的风险更多来自网络，所以首先要保证安全；（2）企业的社会责任与道德，互联网公司经常与公众打交道，而且越大的公司，涉及的公众群体越广，因而企业的社会责任感与道德很重要；③隐私或数据安全，这条与第一条很像，但此条更注重具体的隐私保护与数据安全本身。因此，以上几种内控缺陷暴露出来的问题主要有：缺乏网络安全的政策和落实，比如密钥管理、防火墙、网络架构审查、反病毒、防止外部攻击等措施；网络安全的措施没有及时更新或者与时俱进，比如病毒库更新、防火墙配置更新等；缺乏定期的安全演练或压力测试，包括各类穿透测试、扫描等。所以针对以上问题，黑龙江省的互联网金融企业要建立风险管理制度，由专人维护，并持续改善，持续加强互联网金融的内控管理，更好地规范互联网金融企业的行为。

（六）用好技术手段

在对互联网进行监管时，必须要利用大数据技术、数据分析技术、网站对接技术等各种技术手段，及时通过互联网来采集与互联网金融相关的信息，并且有针对性地建立预警机制，通过对所获得信息和数据的分析来发现可能存在的问题或者异常事件，并且采取有效的措施来消除各种异常或者问题，确保互联网金融的安全发展。当今所盛行的应用app也都是互联网金融技术手段的强加载体，例如数据挖掘，包括人工智能、机器学习、大数据处理等；移动去app化以及微信公众号、小程序等。当然，我们也可以用互联网技术手段实现网络侵权取证，用到的就是区块链技术。区块链技术是一项分布式账本技术，具有不可篡改、可溯源、公开透明、可验证等特点。链上的数据摘要很难被篡改，区块链存证具有安全、高效、便捷和低成本等优势，能极大程度地解决证据难固定、侵权主体难寻找等问题，可为版权保护提供完美的解决方案。对原创者来说，区块链版权跟传统版权证书没什么区别，它们两者都具有法律效力。在法院要求举证时，都能成为侵权证据。当然，这只是互联网技术的一个维护版权的手段。如今，用好科学技术能给互联网金融企业带来更多的价值和利益。

三、黑龙江省互联网金融风险防范措施的建议

在发展过程中，网络金融会遇到各种各样的风险，如网络风险、法律风险、信息风险、监督风险、道德风险以及经营风险等。为了使互联网金融可以长期稳定地发展下去，可根据网络金融在发展过程中遇到的问题制订相应的风险管理方案，如增加顶层设计、优化征信系统、增加行业技术壁垒、减少网络安全性影响、完善法律体系并加大监督力度等。

（一）提高顶层设计

顶层设计是从自然科学、工程技术设计中延伸而来的，简单地说，就是以系统化方法，通过整体角度对目标进行确定，对项目的层次、要素及各方面进行统筹规划，对具体路径及战略战术进行确定，并在实施期间进行适当调整。从宏观角度来说，互联网金融在一定程度上决定了国家金融的稳定性。在网络金融或金融产品的出现及发展中，监管部门或更高层应提高顶层设计力度，严格控制市场准入门槛，科学引导具体发展，选取正确的发展模式及路径，并积极鼓励互联网金融业进行改革创新。加强顶层设计，防止泄露客户个人信息或滥用信息的情况发生，使发生道德性风险的可能性显著下降。

（二）优化征信系统

黑龙江省的企业征信与个人征信系统有待进一步优化，应适当参考和借鉴外国的成功经验及做法，比如，以央行为核心的美国政府征信系统、以非政策部门为主的欧洲市场征信系统、以行业协会为主的日本征信系统。按照个人征信与企业征信系统的差异，选取正确的征信模式，分别对个人及企业进行征信，将得到的结果向央行集中，由央行出台统一规范、标准的信用等级，分别成立企业信用与个人信用信息数据库。

同时，对失信的单位和个人，将失信记录纳入数据库，提高失信惩治力度，对严重失信者采取市场限入措施，非常严重者限制其不得再进入市场。

(三) 增加行业壁垒

新入行者必须拥有足够的人力资源、经济实力以及技术资源才有信心进入传统行业。因此，新入行者只有积累了一定的资本才会参与一个领域或市场的竞争。然而，互联网金融并没有太多的条条框框，放宽了市场准入要求，使金融行业的参与者不断增长，市场准入要求也不断下降，无形中就埋下了许多金融风险隐患。我国网络金融行业仍然处于初步发展时期，频频发生"劣币驱逐良币"的情况，在一定程度上阻滞了网络金融的整体发展。最好的处理手段就是增加行业壁垒，如在资金上、规模上以及技术上等各方面设置限制，强化金融机构的自我保障能力和债务偿还能力，尽可能地控制非系统性风险。

(四) 减少网络安全威胁

提高自我保护意识与自我保护能力，树立文明上网意识，对陌生链接或网站不要随意点击，对不法网站以及病毒网站进行科学识别，拒绝抱有幻想或好奇心，主动举报并规避这些不法网站，减少安全威胁；同时，将安全防护软件安装在计算机内部，如电脑管家或360安全卫士，建立防火墙，对病毒及威胁进行定期的扫描及查杀，增加网络环境安全性，减少被黑客或病毒入侵的概率。

(五) 优化法律法规，加大监督管理力度

明确界定网络金融法律法规并加以优化，将不符合发展趋势的内容删除，增设与风险界定及风险管理有关的规定。及时补充互联网金融业务上的立法空白地带，及时调整概念不清的法律条文，整合当前的网络金融法规、司法解释以及部门规章等，通过制定专门的互联网金融法进行公开宣传教育。一旦发现有个人或企业不遵守互联网金融法，则给予严惩，将法律的权威性及严肃性充分发挥出来。根据互联网金融风险的不同特点，实施与之匹配的风险管理办法，如监管注册备案、交易行为、金融产品、宏观或微观审慎等模式，并按照监管期间发现的问题和变化，适当调整监管力度、方式以及范畴，实现监管效益最大化。

四、进一步优化黑龙江省互联网金融的可行途径

结合黑龙江省互联网金融的发展情况，为促进黑龙江省互联网金融更加高效地发展，提出以下优化黑龙江省互联网金融的可行路径。

（一）利用互联网技术优化金融服务流程

推动移动式金融发展，将智能化、个性化的金融服务与居民服务网络连接。

（二）积极支持互联网金融企业的融资需求

加强云数据中心、互联网科技园区等基础设施项目的建设。鼓励和引导具有自主知识产权、创新能力强、市场发展前景好的互联网企业通过银行间市场发行的各类企业债券募集资金。

（三）加强银行机构与P2P等融资平台的业务合作

探索银行机构与P2P、众筹等机构合作的途径，发展投融资咨询、资金理财、基金管理等服务，提升P2P、众筹等平台的竞争力，为创业者提供更加多元、便利、安全的融资服务。

（四）创新发展电子商务支付服务方式

加快推进互联网支付机构与电子商务平台对接，促进支付机构为企业提供数据转接、数据分析、资金清算等链式服务。有效利用金融机构自主研发的大型金融电商服务系统，创新开发快捷支付、账户支付等便利渠道，为电子商务发展提供高效、便捷的支付服务。

（五）积极建设对俄跨境电子商务支付中心

要将金融服务市场全程介入电子商务流程，提供一体化的金融解决方案，支持将对俄跨境电子商务做大做强。

（六）依托互联网加快社会信用体系建设

利用互联网技术，遵循相关征信法律法规，全方位、多角度、多渠道地采集有关企业信用信息，进行整理。大力推行信用承诺制度，将信用承诺履行纳入信用记录，推进信用分级分类监管。

（七）推动互联网征信和信用评级发展

在结合传统信用评估模型的基础上，构建大数据征信模型；运用云计算技术优势，搭建开放式互联网征信服务平台，开发种类丰富的信用产品。

（八）构建互联网金融信息平台

积极整合各类信息资源，金融服务、操作流程等信息。建立完善的金融信息审核、发布、管理和更新机制，拓宽金融信息获取渠道，实现平台信息的真实可靠、及时准确和公开透明。

（九）依托平台信息开展便利的金融服务

大力发展金融信息共享服务，推动符合条件的相关金融机构接入金融信息数据库，运用大数据和云计算技术，充分采集和利用互联网数据信息，在此基础上开发基于互联网的新产品和新服务，打造"互联网金融超市"，提升互联网与金融创新的融合度。

（十）加强互联网支付监管

加强对具有互联网支付资格的银行机构和第三方支付机构的监督管

理，推动互联网支付机构合规开展业务合作。

（十一）加强互联网洗钱风险防范

加强对互联网从业机构的资金监测和分析预判，及时发现可疑交易和洗钱线索。参与互联网金融业务的银行机构和第三方支付机构要严格执行反洗钱规定，加强跨领域业务合作的反洗钱规范，对业务合作代理行为进行政策约束，确保不因合作、代理关系而降低反洗钱的执行标准。

（十二）加强金融消费者权益保护

引导银行机构和支付机构加强对互联网金融个人信息的保护，严禁个人信息泄露和交易，防止不法分子利用泄露信息侵害消费者权益。完善争议受理、第三方调解以及仲裁等纠纷解决流程，切实维护互联网金融消费者的权益。

黑龙江省的互联网金融正走在正确、健康的发展道路上，进一步优化互联网金融的发展，定会开创黑龙江省互联网金融发展的新局面，这也将有利于我国整体经济水平的有效提升。

第五章

互联网金融消费者面临的主要问题及权益保护现状
——依托对黑龙江省的调研

我国互联网金融行业正处在一个高速发展阶段，然而黑龙江省对该行业的监管却处在一个初级阶段，相应的互联网金融消费者权益保护体系也在构建中，由于互联网金融本身的复杂性和多样性，导致消费者权益的保护也面临挑战。本章通过分析互联网金融实践活动中产生的问题，对其进行"抽丝剥茧"，以便更好地保护消费者的权益。针对黑龙江省互联网金融消费者权益保护的相关问题，笔者在哈尔滨金融学院以及哈尔滨几家网贷公司、基金公司中进行了调查研究及跟踪访问。调查问卷如下。

黑龙江省互联网金融消费者保护现状调查问卷

您好：

我是《互联网金融消费者权益保护问题研究》一书的作者，正在进行一项调查活动，内容关于黑龙江省互联网金融消费者保护，您的信息很重要，您的个人信息我们会保密，我们需要占用您的一些时间，好吗？感谢您的支持与合作！

(问卷填写方式：请在您认为合适的项下打钩或直接填写。)

1. 您的性别_____。

☐男

☐女

2. 您的出生年月_____。

3. 您的受教育程度_____。

☐小学以下

☐初中

☐高中（含职业高中、中专）

☐大专

☐本科

☐研究生（含硕士与博士）

4. 您的岗位类型_____。

☐企业所有人或董事长

☐高层管理人员

☐中层管理人员

☐普通职员

☐自由职业者

☐学生

☐其他（请注明）

5. 您对金融专业知识的了解程度_____。

☐很熟悉，有专业背景

☐熟悉，一直从事相关的工作

☐一般

☐了解不多

☐不了解

6. 请问您知晓的互联网金融模式的信息渠道有_____。（可多选）

☐网络

第五章　互联网金融消费者面临的主要问题及权益保护现状
——依托对黑龙江省的调研

☐金融机构理财广告
☐金融机构营业厅
☐亲戚朋友介绍
☐报纸、杂志
☐电视
☐专业人士
☐其他（请注明）

7. 您使用过的互联网金融模式有_____。（可多选）
☐金融业务电子化模式（包括网上保险、网上证券、网上银行等）
☐以支付宝为代表的第三方支付模式
☐以人人贷为代表的"个人对个人"的直接信贷模式
☐项目发起人利用互联网集中公众资金的众筹模式
☐以阿里金融和京东金融为代表的大数据金融模式
☐其他模式（请注明）
☐只用传统金融模式（线下交易）

8. 您通过互联网交易的资金比例大约为_____。
☐50%以上
☐30%~40%
☐20%~30%
☐10%~20%
☐10%以下
☐0

9. 您在进行互联网金融消费时遭遇过以下事件中的_____。（可多选）
☐账号密码被盗
☐由于自身操作失误带来了损失
☐交易平台公布的信息虚假或不全造成了损失
☐平台经营不善或操作不当造成了损失

☐因交易关联方未履行承诺造成了损失

☐其他（请注明）

☐以上情况均未发生（填此项者跳至第13题）

10. 若遭遇上述情况，您的解决办法是_____。（可多选）

☐与金融平台所属机构协商解决

☐提请行业协会调解

☐向金融平台所在地的中国人民银行申诉

☐依法申请仲裁或提起诉讼

☐其他（请注明）

11. 若遭遇上述情况，最终问题是否得到有效解决_____。

☐是

☐否

12. 下列哪个选项您感觉最好_____。

☐您的股票投资翻了一番

☐您投资基金，从而避免了因为市场下跌而造成的您一半投资的损失

13. 您在某个电视竞赛中有下列选择，您会选_____。

☐参加就可以获得1000元现钞

☐有50%的机会获得4000元

☐有20%的机会获得1万元

☐有5%的机会获得10万元

14. 您购买了一项投资，在三个月后损失了15%的总价值。假设该投资的其他任何基本要素没有改变，您会_____。

☐坐等投资回到原有价值

☐卖掉它，以免日后如果它不断跌价，让人寝食难安、夜不能寐

☐买入更多，因为如果以当初价格购买时认为是个好决定，现在应该看上去更好

第五章　互联网金融消费者面临的主要问题及权益保护现状
——依托对黑龙江省的调研

15. 您在一项博彩游戏中已经输了500元。为了赢500元，您准备的翻本钱是_____。

☐ 不来了，现在就放弃

☐ 100元

☐ 250元

☐ 500元

☐ 超过500元

16. 在互联网金融用户感知度量表中（见表5-1），请根据您对该问题的同意程度，选择对应的选项。1~5分别代表同意程度的由弱到强，其中1表示非常不同意，2表示比较不同意，3表示一般，4表示比较同意，5表示非常同意。

表5-1　互联网金融用户感知度量表

问题	1	2	3	4	5
使用互联网金融可以节省我的时间					
使用互联网金融可以快速精确地找到我所需要的服务					
使用互联网金融可以使我享受更多优惠或更高的收益					
使用互联网金融可以随时随地地享受服务					
总的来说，我觉得互联网金融很有用					
我可以在互联网金融界面上轻松找到所需要的功能					
互联网金融界面操作简便，运行稳定					
互联网金融平台提供了使用中常见问题的回答信息					
互联网金融平台提供了用户评论和反馈信息的渠道					
互联网金融平台可及时对用户提出的问题做出响应					
我相信互联网金融公司会把用户的利益放在首位					
我相信互联网金融公司不会泄露我的隐私信息					
我相信我的互联网金融账号是安全的					
我相信我在互联网金融公司中的资金是安全的					
总的来说，我信任互联网金融					
互联网金融提供的信息检索等功能让我满意					

续表

问题	1	2	3	4	5
互联网金融突破时间和空间的限制让我满意					
互联网金融的整体表现达到了我的期望					
总的来说，我对互联网金融的使用感到满意					
我经常使用互联网金融					
我要进行金融活动，我会优先选择互联网金融					
我愿意在未来继续使用互联网金融					
我会告诉别人我对互联网金融的好评					
我会推荐我的亲戚朋友使用互联网金融					

对调查问卷进行整理可以看出，随着社会经济的发展，互联网金融越来越深切地影响着人们的日常生活。随着时代的发展，越来越多的人开始追求快捷、高效的消费方式。网络购物、网络理财也走进了千家万户，对生活而言，我们每个人都是消费者，因为我们的日常生活全部建立在消费的基础之上，衣食住行、生活起居，都离不开消费，也是通过消费构建起我们生活中的点点滴滴。当下，互联网金融服务的专业性越来越强，金融消费者的参与程度也越发深入而广泛，但与此同时，互联网金融消费者权益保护问题就随之凸显出来。保护互联网金融消费者的合法权益成为金融发展的重要课题，亦是金融工作的当务之急。通过此次的调研走访及数据搜集，笔者针对目前黑龙江省互联网金融消费者权益保护中出现的问题及保护现状进行了如下的总结分析。

一、黑龙江省互联网金融消费者面临的主要问题

第一，有别于传统金融业的是，互联网金融是通过网络平台实施产品营销活动或服务营销活动的，其中一个显著特点就是跨地域性。由于互联网金融客户规模大，广泛分布于全国各地，在交易中一般以非面对面的方式实施，账户开设、条款说明以及合同签署等各环节均通过无纸

化模式在网络空间实施，并在平台服务器上将这些电子合同及交易数据统一保存下来，然而，这些电子数据是能被篡改、被消灭的。如果损害了网络金融客户的合法权益，则空间距离造成的不便会提高消费者的维权成本和维权难度，无法保障网络金融客户的合法权益。

第二，网络金融平台推出的融资项目琳琅满目，却常常发生信息严重失真的情况。信息失真致使一些网络金融用户遇到金融诈骗，不能保障自己的合法权益，进而面临严重的经济损失。最近几年里，诈骗案件最多的是来自 P2P 网贷企业，不少没有经营资质的企业常常发生不实融资项目，一些企业甚至打着区块链的旗号或虚拟货币的名义进行非法传销或诈骗活动。在网络金融行业，许多消费者都没有分辨真假的能力，被骗概率较高。在统计问卷调查结果后发现，进行互联网金融消费时，消费者遭遇例如平台经营不善或操作不当造成损失这类事件，超过70%的客户不知所措，投诉无果。

第三，在网络金融行业，尤其是在 P2P 网贷中，不少企业为了控制风险而鼓励投资者以小额分散手段进行投资。在股权众筹行业，各个股权众筹平台也积极引导投资者进行小额投资，或限制单个众筹项目的借款总额，然而，如果某小额投资发生坏账、诈骗或逾期等事件，就投资者来说，即使维权也得不到应有的赔偿。

第四，网络金融平台对客户的个人信息进行不正当的获取，如果客户欲保护自己的信息而与平台讨价还价，则会被该机构拒绝提供产品或服务。此外，客户信息被泄露比较常见，如移动支付、网络投资产品、P2P 网贷以及股权众筹等平台，也可能会泄露个人信息。一开始，客户初次登录网络金融平台时，均被要求实名注册，但是，客户在实名注册时，就会在平台上输入自己的身份证号、手机号码、银行账户以及密码等重要内容，如果平台经营存在漏洞，就会泄露客户信息，致使客户发生经济损失，且几乎没有任何补救的可能。

第五，互联网金融的每一笔交易通常都是以电子数据的方式记录下来的。然而，电子数据记录要求有公信力的企业提供相关证明才具有证据的效力，就客户来说，即使完成举证工作，也可能会由于电子数据得不到有公信力企业的验证而得不到法官的认可。

第六，由于金融产品收益存在当期性、风险存在滞后性的特点，因此，就互联网金融机构而言，在保障客户权益方面，事前监督与事中监督的作用远远大于事后惩处的作用。一旦网络金融产品爆发事后风险，则其后果是无法估量的，甚至会发生系统性风险，因此网络金融客户较非网络金融客户有着更大的法律保障需求，更希望相关部门可以维护他们的合法权益，这也是由网络金融企业为客户提供的产品服务更具特殊性，网络金融客户处于弱势地位决定的。

第七，由于业态发展快且比较复杂，加上网络金融客户并非普通的理财客户或融资客户，即资金出借方或借款方的表现形式相对复杂，所以，应继续加大保障网络客户权益的力度。表现形式的复杂性体现在如下方面，例如，在网络金融平台上，一些网络金融客户可能只是对一个投资产品进行购买，也可能同时对保险产品或众筹产品进行购买；众筹平台的客户可能会参与商品回报式的众筹，又存在参与股权回报或收益回报式众筹的可能。众筹领域既包括了以上两种简单分类，又包括了其他复杂类型，比如客户可深入参与众筹的各个环节，诸如设计、研发、营销、创意或推广等，客户从传统的、单一的投资者与购买者发展为集消费者、投资方以及股东等多种身份于一体。在网络金融发展中，现在及未来参与网络金融产品研发环节或其他环节的投资者不断增长，且私人定制的金融产品也与日俱增，当网络金融客户利用各种身份进入产品或项目中去时，同时发生变化的是法律层面的金融消费关系。

二、黑龙江省互联网金融消费者权益保护工作开展现状

（一）黑龙江省互联网金融消费者权益保护现状

网络金融客户有着"不确定性"及"无国界"等特点，随意更改网络金融产品交易规则及交易凭证，就会导致黑龙江省在保护网络金融

第五章　互联网金融消费者面临的主要问题及权益保护现状
——依托对黑龙江省的调研

客户权益时存在以下五大难题：第一，难保护消费者隐私。因为我国还没有出台专门的保护隐私的法律规范，致使法律上存在空白地带，在保护网络金融客户时无法做到有法可依。第二，难保障资金安全。就互联网金融而言，如今并未强制规定要公开所有信息，存在信息透明度低、信息不对称等现象，加上互联网金融存在较强的复杂性及专业性，金融客户无法有效控制其交易风险，导致资金安全风险得不到合理的控制。第三，难解决争议。在网络交易中，买卖双方是借助互联网进行交易的，在某种程度上会导致合同履行以及付款并非在同一地区甚至同一国家进行，地理间隔较大，一旦发生交易冲突，就会出现维权成本高且维权效率低的情况。第四，难监督管理。没有专业的行业规范以及管理部门，导致市场上不少民间金融机构都存在洗钱或集资的现象。第五，难规范立法。如今，我国并未针对保护网络金融客户权益而出台专门的法律法规，导致网络金融客户权益得不到应有的法律保障。

(二) 维护互联网金融消费者权益时的具体做法

1. 加大体制体系建设力度，为促进工作开展巩固夯实基础

虽然黑龙江省各地已形成统一管理、高效运作、明确分工的内部合作体系，负责保护金融客户权益，协调顺畅、积极配合、高效经营，促进资源整合及工作顺利实施，但仍然缺乏具体的规定和实施的指导。金融消费因其自身的特殊性与很多普通消费行为不一样，所以需要特别关注及处理。国务院办公厅出台的《关于加强金融消费者权益保护工作的指导意见》，里面的许多内容都是很有价值的，比如特地多次强调了普及金融消费知识、提高金融消费者金融知识储备等要求，对各金融机构、金融管理部门而言是一个很好的执行点，对民众来说也是提升保护的一个体现。指导意见里金融消费者权益保护的主体包括了"银行业机构、证券业机构、保险业机构以及其他从事金融或与金融相关业务的机构"，不仅仅是一行二会，互联网金融领域内主体的行为也受到了规范，而这个规范是基于互联网金融等新兴金融领域的出现和发展相应出

台的。此外，值得注意的是强调信息同享，互联互通，从而形成监管合力等，这应该是基于现实中国家有关部门掌握的数据和情况，总结了监管力度不够强的原因之后采取的解决方法。

2. 加大体系建设力度，强化工作规范能力，明确保障对象及保障范畴

从监管层到从业者再到消费者，还都没有形成特别有效地保障消费者合法权益的方法，金融消费者教育立法还是空白。金融消费者有接受教育的权利，意味着金融消费者可以获得有关金融机构的金融知识，以提高对金融保护的认识和了解，了解商品售卖的信息，以提高用户防范风险的意识。

自2018年开始，黑龙江省各县市也陆续成立了保障金融消费者权益中心，负责对金融消费者投诉事件进行科学指导、协商以及转办等工作。众所周知，无论是小额贷款、众筹，还是P2P平台，都可以为客户提供不少银行难以提供的服务，如降低消费贷与信用贷门槛，这是网络金融的优势，是值得肯定的。然而，过去无序混乱的市场也留下了许多历史问题，让人诟病。因此，金融消费者应具备科学识别网络金融平台的能力，能够对国家开放政策及政策引导作用进行实时跟进。支付为金融带来的影响，其实是指支付行业使银行与客户之间的关系有所分离，客户与银行分离后，就使支付公司获得了优势，获得了与银行进行竞争的可能。其中最具代表性的要数余额宝，余额宝作为支付宝早期推出的一种理财方式，为业界带来了极大的震撼。从余额宝的性质来说，利用淘宝平台促进支付宝发展壮大，而支付宝又将大量的客户留在平台上，引导其购买货币基金，使主动留在支付宝平台的客户规模不断扩大。阿里公司的自我改善，使其在平台上积累了更多的客户，同时也成了每一家互联网企业经营时效仿参照的"模版"。

若要对余额宝的成功进行解释的话，可将其当成某个银行，因为存款客户量比较大，为了能够留住这些存款客户，某银行根据此类客户发布了一款有着较高收益及安全性的投资理财产品，防止这些客户被其他

第五章　互联网金融消费者面临的主要问题及权益保护现状
——依托对黑龙江省的调研

银行抢夺。暂且不论其属于创新行为与否，其的确有着合理的生态逻辑。这说明能够迅速取得成功的余额宝，是因为有着十分庞大的客户群体，而非技术创新。我们经常谈到银行开展的业务有很多，就像一家金融百货公司，其实并非因为银行占据了多大的技术优势，而是因为客户群体比较大，正是由于这个因素，使其得到了迅速的发展和壮大。实际上，技术创新并非余额宝独有。早在 2009 年，汇添富就进行了技术创新，早在余额宝之前，数米网就拥有了同类功能，又如 1999 年，美国 PayPal 就拥有此类功能，然而，到最后，大放光芒的却是后起之秀余额宝，原因是支付宝的基础性优势比较突出，且这些优势都来自市场上占据大半壁江山的淘宝平台。因此，仅仅从余额宝的角度去认识第三方支付为传统金融业造成的影响，笔者认为没有太大的意义。第三方支付的最终端口都集中在银行，离不开银行的大力支持，二者既是竞争关系又是合作关系。加上第三方支付即使做到了无纸化，但最终的存款仍然是表现在银行账户上，并未为银行的自身运作带来实际影响，只不过是通过数字货币对现实货币进行取代。但在其他金融服务方面，比如对货币基金销售来说，冲击就要大一些。这是因为理财产品的唯一营销渠道就是银行，所有的基金企业都是依附于银行得以生存的。但是，横空出世的余额宝不断表现出自己的价值和功能，致使银行代销业务收益不断减少，又减少银行存款，尤其是当余额宝销售规模越来越大的时候，银行存款的下降幅度也就越来越大。

3. 优化我国金融监督机制，推出保护消费者权益的协调合作体系

我们可以发现这样一条主线，即从萌芽到发展再到监管，不少人先是认识余额宝，才了解了互联网金融。许多人都知道，将钱存在余额宝里，得到的收益要高于存在银行里。然而，互联网金融又是自 P2P 网贷发展起来的。事实上，人们就是通过平台申请贷款，平台对资金的需求方与出借方进行分析并匹配，其中，出借方能够获得较高的报酬，而需求方则通常是小额借款者或无法通过银行贷款申请的人。要熟悉监管问题，首先要清楚 P2P 问题。包括投资者的资金亏损，也就是一旦借

款人逾期不还或跑路时给投资者带来的经济风险，还有就是企业跑路风险。之所以进行监管，其中一个原因就是使投资者的合法权益得到保障。互联网金融的发展就是自形式不一的"宝"开始的，人们先是认识余额宝才接触互联网金融，进而又发现了更多的互联网金融产品。事实上，互联网金融的经营之道就是如此，平台利用余额宝对货币基金等各种理财产品进行出售，利用互联网在广大消费者心里树立理财意识，了解年轻消费者的大概信息及数据，为未来发展巩固夯实基础。

可以肯定的是，大部分人对互联网金融业的整体发展还是比较自信的。然而，依然存在信用违约风险与底线的问题。信用违约风险指的是发生大量的信用违约的可能。底线就是不得吸纳公众存款以及非法集资。确切来说，互联网金融业在经营过程中必须严格把握自己的定位及底线，拒绝吸纳存款。作为新兴行业，互联网金融业的发展离不开国家的支持和鼓励，所有人都想知道监管者的底线，但是，监管者眼前的底线就有两条：禁止吸纳公众存款与非法集资。由百度、阿里和腾讯等大型企业牵头组建行业自律组织，及时发布行业自律规范，这是解决金融业监管的有效方法之一。然而，若不及时发布这些行业规范，就必须由监管部门进行处理，在互联网金融业的监管方面，界限不清是迫切需要解决的一大难题。互联网金融在利率并未完全市场化前，能够促进如银行等传统金融机构的改革，并促进利率市场化。综合来说就是，如果发生安全风险，则意味着监管部门会迅速联合起来重新整顿互联网金融平台或增加该行业的市场准入条件。

（三）黑龙江省在保障网络金融消费者权益方面获得的成效

黑龙江省持续提高了解决金融消费纠纷事件的效率。第一，为了保障金融消费者的合法权益，黑龙江省出台了高效快捷、安全可靠的权益救济平台，使互联网金融诉求难以及专业性极强等各种问题能够得到及时解决，并为此得到了民众的一致好评，应继续加大保障力度。第二，黑龙江省成立了黑龙江省金融消费者权益保护协会，该协会在社会上扮演着"纽带"与"桥梁"的重要角色，在疏通金融部门的信息交流途径和协调互联网金融企业与消费者关系中发挥着十分重要的作用。第三，2019年，黑龙江省人民政府新组建的直属机构——黑龙江省地方金融监督管理局成立，该机构主要有以下十个方面的职责，对保障金融消费者及互联网金融消费者的合法权益具有重要意义。

（1）贯彻执行国家关于地方金融改革发展稳定工作的方针政策，组织拟订地方性金融法规、规章草案，研究分析全省金融形势和金融改革发展稳定的重要问题并提出建议，编制全省年度金融业发展报告。

（2）承担地方金融监管职责，负责地方金融机构的风险防范处置，具体承担小额贷款公司、融资担保公司、区域性股权市场、典当行、融资租赁公司、商业保险理赔公司和地方资产管理公司这7类机构的地方金融监管职责；承担对省内投资公司、开展信用互助的农民专业合作社、社会众筹机构、地方各类交易场所等的有关监管职责。

（3）分析评估全省地方金融风险状况，拟订防范化解地方金融风险的政策措施，统筹组织非法集资、互联网金融等重大金融风险的处置化解工作，负责全省网络借贷信息中介机构的机构监管。

（4）组织推动地方金融改革，健全完善地方金融监管体制，加强金融市场体系建设。

（5）联系国家金融管理部门及其驻我省派出机构，协调服务全省银行业、证券业、保险业等金融机构；组织协调引进境内外金融机构，优化金融营商环境。

（6）参与协调全省重大项目融资服务，为金融机构服务实体经济提供信息支持。

（7）制定全省直接融资工作规划和政策措施，组织协调推进企业上市（挂牌）、发债等直接融资工作，加强区域性股权市场建设。

（8）加强金融人才队伍建设、干部培训及金融人才引进交流工作。

（9）承担省防范和处置非法集资工作领导小组、省清理整顿各类交易场所工作领导小组、省P2P网络借贷风险应对工作领导小组及省互联网金融风险专项整治工作领导小组日常工作。

（10）完成省委、省政府交办的其他任务。

三、黑龙江省互联网金融消费者如何更好地维权

面对巨大的市场需求，作为互联网金融平台，不仅要向消费者提供丰富的产品服务，更要保护好消费者的合法权益。互联网金融消费者该如何更好维权，亟待破解。互联网金融消费者面临的困境如下。

第一，与传统金融业不同，互联网金融借助网络，业务具有跨地域性的特点。当互联网金融消费者的权益受到侵害时，跨地域使得维权成本大增，使得消费者维权容易陷入困境；根据《中华人民共和国消费者权益保护法》第25条规定：经营者采用网络、电视、电话、邮购等方式销售商品，消费者有权自收到商品之日起七日内退货，且无需说明理由，但下列商品除外：（1）消费者定作的；（2）鲜活易腐的；（3）在线下载或者消费者拆封的音像制品、计算机软件等数字化商品；（4）交付的报纸、期刊。除前款所列商品外，其他根据商品性质并经消费者在购买时确认不宜退货的商品，不适用无理由退货。

第二，在互联网金融领域，特别是P2P网贷行业，为降低风险，一些网贷公司通常鼓励投资消费者采用小额分散的方式进行投资。一旦遭遇逾期、坏账或者欺诈，对投资消费者而言，维权往往得不偿失。消费者需要铭记以下几点：（1）买东西先看合同，买东西开发票或索要收据；（2）不要买小品牌的商品，大品牌相对有保障。一般来说，维权不要只拨打12315，先搜索"××市投诉电话""××市消费者投诉电话"，搜索出来的电话有些就是当地消协或者工商局办公室的投诉电话，如果不是，你也可以向他们要一个正确的电话号码，或者请他们帮忙转接。在讲述完被侵权的过程之后，结尾提问：请问你们今天上午或下午能否帮忙解决这个问题？打完维权电话之后通知对方："我已经打完投诉电话了，你们现在能不能解决我的问题？如果不能解决的话，我现在要带着相关证件去投诉部门处理了。"

第五章 互联网金融消费者面临的主要问题及权益保护现状
——依托对黑龙江省的调研

第三，互联网金融所有的交易行为几乎均通过电子数据得以记录。但是，电子数据本身存在容易丢失和篡改的特征。由于金融产品收益的当期性和风险的滞后性，导致互联网金融产品事后爆发的风险往往非常巨大，甚至不可预测，这使得互联网金融消费者比一般消费者更需要法律方面的保障，更需要有权机构维护他们的权益。针对目前互联网金融消费者维权成功概率低、取证难、诉讼成本高等维权困境，我们为消费者提供以下可参考的解决方案。

1. 维权需要证据

收集证据是准备寻求法律救济的重要环节。因此，消费者与平台签署的电子合同、平台自动生成的电子借款合同，还有涉及充值、转账的资金支付凭证等都必须保留存证。虽然国家已制定出台针对网络借贷的电子合同存证业务指引性文件，但受限于平台习惯和电子数据认证的成本，通常平台只将消费者的电子数据交付给单一的第三方存证平台进行存储。这意味着，一旦双方发生纠纷，平台即使完成举证义务，也可能存在证据的证明力受到法官质疑的可能。一般的电子合同平台采用普通存证，数据容易丢失、篡改，证据的法律效力容易遭到质疑。一旦产生纠纷，电子合同平台须配合出示原始电子数据，经由司法鉴定、公证等机构取证、鉴定之后，出具相关证明才能成为有效证据，得到法院的认可。

2. 维权手段的选择

在维权的过程中，消费者一般会考察四个维度：资金成本、时间成本、维权难度、维权效果。针对互联网金融维权手段，建议消费者采用在线仲裁的方式。在线仲裁作为一种新型争议解决办法，对网贷平台和消费者的权益保障都能提供新方法。在线仲裁可为申请人提供案件在线审一站式服务。可在线实时掌握每个流程和审理进度，方便对案件进行修改、撤回，全程自主管理。据悉，一般的线下仲裁做出裁决少则两个月，多则四个月，在线仲裁系统可帮助申请人最快在7个工作日内拿到仲裁裁决。

在互联网金融迅速发展的时代，消费者保护俨然成为一个亟待解决、日益沉重的话题。互联网金融已经成为金融行业的发展趋势，要使这个行业进一步发展，必须要先做到保护这个行业有序、健康地发展。行业都是依托现有消费市场而展开的，保护投资人、借款人，就等于保护消费者，消费者是构成行业主体的第一要素。对互联网金融消费者的保护最终是让消费者认清金融风险、了解互联网金融市场、稳健投资，认清投资形式、熟悉金融风险、了解行业法规，这才是对自己的资金和权益的保护。所以，互联网金融消费者的权益保护是满足客户需求的关键一步。

四、对黑龙江省互联网金融消费者权益保护的若干建议

（1）完善互联网金融消费者权益保护法律制度。

（2）完善互联网金融监管体系，建立消费者保护协调合作机制。

（3）畅通互联网金融消费者投诉受理渠道，完善投诉处理机制。

（4）开展互联网金融消费者教育，提高其风险意识和自我保护能力。

（5）推动互联网金融行业自律机制建设，强化信息披露义务。

（6）建立多渠道非诉讼纠纷解决机制。

（7）建立健全互联网金融消费者权益保护法律制度。

（8）加强互联网金融消费者信息保护。

第六章
互联网金融消费者权益受侵害的表现形式及成因

互联网金融作为现代信息技术与传统金融行业相结合衍生出来的新型金融业态，以其技术、成本等优势降低了互联网金融消费者的准入门槛。在互联网金融行业快速发展的同时，如何有效保护互联网金融消费者的合法权益成为当下一个亟待解决的问题。

一、互联网金融消费者权益受侵害的表现形式

（一）误导公众，侵犯消费者的知情权

消费享有知情权，金融机构在销售产品时如果没有对消费者进行产品信息介绍，就存在误导公众、侵犯消费者权益的行为。事实上，让消费者产生产品没有风险这种观念，在于金融机构对金融产品没有详细的介绍和说明。如果没有告知消费者金融产品的信息，那么金融机构面临的将会是许多潜在的流动性风险，通常而言，这种误导公众或者欺瞒公众的行为一旦发生，消费者有权利进行维权。

（二）逃避责任，侵犯消费者公平交易的权利

金融机构在对互联网金融产品进行销售的过程中，不得有侵犯消费

者公平交易的权利的行为，不得有强迫、强制消费者购买金融产品的行为。根据市场环境因素，金融机构可以暂停生产、快速赎回、停滞产品销售等，这样一来可以避免消费者出现纷争，二来可保护消费者公平交易的权利。公平交易是一种规定买卖双方行为规范的准则，在某种程度上，公平交易可以看作是公平原则和诚实信用原则的集合，它的确立目的是让经营者和消费者之间实现公平交易，买方与卖方进行公平竞争。我国颁布的《中华人民共和国消费者权益保护法》突出强调了消费者的这项权利。

从某种角度上讲，互联网金融是消费者与生产个体或商铺的金钱与产品的交换，而对消费者权益的保护，就是在买方与卖方进行交易的过程中，保护买方的权利，规范卖方的行为。为了促进公平交易在各个经营范围和平台内都能有效推进，国家有了"转发500次入刑"之类的法律条款，也把朋友圈的虚假广告纳入处罚范围，这是一种趋势，未来也会向此发展。公平交易是等价交换的前提，消费者购买的物质或精神产品，在双方都自愿的情况下开启交易过程。

（三）限制解决争端，阻碍消费者选择权和救济权的实现

互联网的金融产品限制了消费者在解决争端中的权利。例如，某银行在"用户服务协议"中明确规定该银行对转出业务不承担任何款项垫付、保证入账等责任，然而该银行可以根据市场环境因素暂停申购和快速赎回业务，在此过程中，影响客户转账业务的办理，但银行不承担任何责任。由此可知，虽然许多方面看似金融消费者获利，但是金融机构也总是以另一种方式为自己开脱。然而，我们不得不承认，当下互联网金融给人们的日常生活带来了方便、快捷、舒适的购物消费体验，各式各样的产品组合和服务也在为人们提供更加广泛的消费选择。

因为消费者在市场中是最受关注的群体之一，所以我们以救济消费者为例来看待互联网金融。通常，我们把救济消费者看作是一种社会投资，这种投资的对象虽然是消费者，但是这个消费者可以是自己公司的员工，可以是供货公司的员工。金融机构在救济时，表面看似是消费者

盈利，金融机构亏损，但实际上，从长远的发展角度来看，这种救济行为能提高社会的总体财富水平，能帮助金融机构获得知名度和美誉度，能帮助其提高产品销量。从反面看，如果消费者不能获取救济权，那么对他而言，生活的摧残和精神的匮乏，可能会使其走向犯罪，进而引起社会动荡，造成人员伤亡和经济损失。从更深层次讲，当消费者无法购买产品，但这却是必需品或者是消费者青睐的产品，那么他可能就会萌生偷抢的想法。所以我们要重视消费者的救济权，重视对他们的精神洗礼和行为规范。当消费者遇到某种情况时，不要用损害自己合法权益的方法助长不良经营者的嚣张气焰，要以法律为武器，保护自己的合法权益。

（四）互联网金融消费者的信息被非法获取

在互联网上积累的金融数据中，每天都有着新的信息输入和信息输出，所以对金融机构而言，他们的内部系统里有着庞大的消费者信息集群，如果消费者的合法权益没有得到有效的保护，那么内部系统中消费者的信息就有可能面临信息泄露，被偷窃、滥用等潜在风险。例如，由于有些付款机构对用户和业务没有严格的监管限制，那么就可能导致一些互联网金融企业滥用和非法使用个人及公司信息。在消费者使用微信的过程中，关于用户的财产信息、电话记录、朋友圈和位置信息都包含在用户的个人信息中，一旦消费者的微信被泄露，那么以上所提到的这些个人信息也被泄露。为了让金融机构提供相关服务，消费者要配合提供相应的个人信息，但其中不一定必须包括姓名、身份证号码、电话号码、电子邮件地址以及借记卡、信用卡等卡片号码。显然，电信经营者、银行等商家，在未经消费者同意前，向消费者发送促销短信，或者进行电话促销，均属于侵犯消费者个人信息受保护的权利。

（五）互联网金融产品在销售过程中存在误导性宣传

互联网金融产品的销售人员在销售时突出强调收益，弱化风险提示。如：用户在某平台购买的货币基金产品并非保本产品，但在销售时平台重点强调收益，对消费者的亏损风险提示不足。事实上，投资货币基金是存在很大风险的，不同货币基金的收益率也是存在较大差异的，如：某用户选择某产品更多的是受该产品的品牌效应影响，在未充分、未明确提示风险的情况下，该产品的名称容易让消费者误认为是该平台的第三方支付业务。平台将用户的资金自动转入该产品的过程中，产品经营公司未进行客户风险评估，未强制要求客户阅读协议内容，也未提示用户该产品是货币基金，更未提示购买货币基金存在的风险。

二、互联网金融消费者权益受侵害的原因

（一）互联网金融消费者权益保护法律体系不健全

互联网金融消费者权益保护法律匮乏。我国互联网金融消费者权益保护法律条文散见于《中华人民共和国消费者权益保护法》和《中国人民银行金融消费者权益保护实施办法》。《中华人民共和国消费者权益保护法》只对金融消费者做出原则性的规定，对互联网金融消费者鲜有触及，而《中国人民银行金融消费者权益保护实施办法》从普通金融消费者保护的层面对金融机构进行规制，对互联网金融消费者未做专门规定。同时，互联网金融监管立法滞后于行业发展，在互联网金融的某些领域，法律规范存在规制的空白。

（二）互联网金融消费者应对风险难度大

一是风险识别难。互联网金融产品的技术性高、专业性强，普通消费者缺乏专业的金融知识，信息获取能力和处理能力有所欠缺，很难准确理解所购产品的全部内容，所以更容易在虚拟化交易中受到误导和欺诈。因此，消费者的风险识别能力有待提升。二是风险防范难。主要表现在部分互联网金融消费者风险防范意识薄弱，购买互联网金融产品存在盲从心理，在交易突破资产净值、违背用户适当性原则时，将面临超出其承受限度的风险。

(三) 互联网金融市场交易缺乏运营保障与监管

目前，金融领域主要由"一行二会"监管，互联网金融是随着互联网技术的普及而发展起来的新兴行业，在实际运行中存在混业经营现象，各个部门对具体监管职能的划分还不是很清晰，因此在某些领域存在监管空白。互联网金融行业作为新兴产业，还处于试探性发展阶段，消费者与经营者之间产生争议或纠纷在所难免。广为人知的"e租宝"事件发生后，消费者惊慌失措，受理消费者投诉的行业协会和部门都面临着很大的压力，更有民众在找不到合适途径挽回损失时，采取集会、游行、示威，甚至有过激者采用暴力方式去解决。消费者个人信息泄露严重、经营者非法牟利、纠纷发生后难以解决等问题反映出我国互联网金融市场运营保障措施与监管制度的缺乏，面对突发事件时部门间互相推卸责任，采取不作为的消极态度。

(四) 互联网金融纠纷解决机制有待完善

一是缺乏完善的网上维权渠道。目前，互联网金融消费者可通过中国互联网金融举报信息平台对互联网金融企业的违法违规行为进行在线举报，但该平台只能接收互联网金融投诉案件，投诉审核通过后需转交有关部门处理。平台只具备违法违规信息的收集功能，自身缺乏独立处理权限，在时效性、便捷性和独立性上都有待完善。二是属地金融监管机构难以异地追责互联网金融侵权案件。三是司法解决途径还需加强。互联网金融纠纷多有金额小、数量大的特点，一旦出现项目违约或产品违规，权益受损者众多，但在我国对共同诉讼的提起还相当困难。

《中华人民共和国消费者权益保护法》明确规定了经营者对消费者人身和财产的安全保障义务，消费者的概念中理应包括互联网金融消费者这一含义。因此中华人民共和国《消费者权益保护法》的条款对互联网金融消费者同样适用。但是该法适用于互联网金融领域具有较大的局限性，传统的投诉、仲裁和诉讼救济途径已经无法适应互联网金融的发展需求。下面将重点分析传统纠纷解决机制在该领域适用的利弊。第一，投诉。投诉是消费者得知权益遭到侵害后优先选择的救济方式。因为其程序简单、节约成本，受理投诉的部门工作人员专业知识扎实、经验丰富，消费者选择投诉能节省时间，提高效率。投诉主体要求是参与交易的当事人本人，且需要明确投诉对象、投诉的具体原因及请求事项。受理投诉的部门应当在规定期限内回复投诉者。然而在实践中并非如此，受理投诉的部门只是将投诉电话或者邮箱公布在网站上，没有采取面对面与消费者沟通的方式，且处理时间较为漫长，处理效果并不能达到投诉者满意的程度。第二，仲裁。金融领域很难涉及人身关系，可以选择仲裁解决纠纷。通过仲裁的方式解决争议，当事人可以自愿选择仲裁机构、仲裁员，甚至可以选择仲裁程序等。然而实践中当事人选择仲裁制度解决纠纷的并不多，主要原因是适用仲裁的前提是双方签订仲裁协议，而消费者通常没有这种意识，在交易过程中不会主动要求签订。除此之外，仲裁的强制力较弱，因此纠纷发生时，大多数人还是会倾向于选择诉讼。第三，诉讼。诉讼相比于前两种救济机制成本高，耗时长。互联网金融领域双方多是以签订电子合同的形式达成协议，如此一来缺少纸质合同所具有的严谨性。通常情况下，消费者的法律意识淡薄，购买金融产品时无保留备份的习惯，通常由于证据不足导致事后的起诉举步维艰。消费者维权困难其维权意识不足是一方面，此外维权的高成本性也是消费者怠于启动法律程序的原因。消费者发现自己的身份信息泄露后，采取消极的态度，不会想到运用法律武器维护自己的合法权益，考虑到涉案金额和维权成本差距悬殊，许多消费者不会将时间和金钱花费在这方面。

第七章
域外互联网金融消费者权益保护的启示

互联网技术的发展给人们的生活带来了很大的改变,起初互联网金融是一个对普通民众非常陌生的领域,现如今逐渐渗入人们的日常生活。它以惊人的发展速度和取得的显著成果消除了人们的质疑声。机遇与挑战并存,互联网金融快速发展的同时也出现了很多问题,消费者个人信息泄露后被不法者利用进行牟利活动,以及其他侵权事件的发生给互联网金融今后的发展带来了很大的挑战。面对这一问题,国外许多国家提出了对互联网金融消费者进行保护的新思路且取得了很好的效果,值得我们借鉴。

一、美国对互联网金融消费者权益的保护

美国最为成功的互联网 P2P 交易平台莫过于 Lending Club 网贷公司,美国政府主要是通过严格的信用评级制度以及划分等级制度来防控风险。最主要的风险是信用风险,而这一平台恰好弥补了这一缺点,P2P 交易平台为出借人和借款人之间搭建了一个信用平台,使得资金的盈余者可以通过这个平台出借一部分资金给资金短缺者,从而可以赚取一部分的利息。出借人可以在 P2P 交易平台上很清晰地看到借款人的信用评级,以及借款人的相关资料等,然后再决定是否借出这笔款项,借款数额的多少、借款利率的高低均与借款人的信用评级挂钩，这一措施很巧妙地将交易风险降至借款人可接受的水平。

美国最大的互联网第三方交易平台当然要数"PayPal"，同时也是最为成功的第三方支付平台之一，总的来说，"PayPal"保护互联网金融消费者主要是通过对双方的保护来实现的，即卖方保护以及买方保护，例如网上购物，消费者即买方，买方最担心的是什么呢？无外乎以下几点：已经支付了货款而卖方却没有按照约定时间发货，又或者是卖方实际发了货，但是我们在收到货物时与卖方之前描述的货物不相符。我国法律规定，收货人在检查货物时不满意或者是与卖方所描述的货物不符时，不需要任何的理由就可以退货。同样，美国政府也赋予了买方这样一种权利，即买方可以通过搜集证据证明自己的权益受到侵害或者是未收到货物抑或是收到的和约定不符，买家可以要求退货，与此同时，如果法律和政策只是一味地偏袒和不分青红皂白地倾向买方，那么对卖方是不是也显得不太公平呢？卖方即经营者，经营者在发生交易时也有所顾虑，那么他们最担心的是什么呢？主要有以下两点：第一个是欺骗性交易，第二个是虚假退单。即买家假装退货给卖家，但是实际上退的只是一个空盒子而已，而卖家又很难获取相关的证据来支持自己的主张。为了更加贴近现实，我们举一个案例，来探析"PayPal"在保护消费者权益上所体现的现实意义，正如大家所知道的，美国法院的判例可以作为该国法律的渊源，我们可以分析相关案例来加以阐明。如有几名用户声称"PayPal"毫无任何理由冻结了他们的存款账户，然后他们一纸诉状将"PayPal"公司告上法庭，要求确认"PayPal"公司冻结他们的账户行为是违法的，并且赔偿他们所遭受的财产损失，"PayPal"辩称双方存在约定的仲裁条款，排除法院的管辖，美国州法院经过审理并且查明，认定"PayPal"公司的抗辩不成立，该仲裁条款系格式条款，在交易发生时就使得消费者和经营机构的权利义务严重不对等，本着公平正义的原则，该不公正的条款被认定为无效。

《美国就业法案》为互联网众筹的合法化奠定了立法基础，在法令中明确了网络众筹平台的行为规范，美国政府主要是通过两个方面对互联网金融消费者进行保护的。一方面，通过制定资产安全标准的办法，在该标准框架下经营者如果符合一定的条件则可以免除在政府登记备案的环节，其只需要在网络众筹平台做登记即可，这样一来，集资者们就可以在准入门槛低的环境下进入网络众筹平台，极大地降低了他们的交易成本。另一方面，美国政府主要是对网络众筹融资人以及相关联的交易中介平台进行有效的监管，美国是一个小政府大社会的国家，美国政府在该监管过程中并不是全程参与网络众筹平台的融资过程，而是通过将自己部分的监管职权下放给第三方的网络众筹平台的方式进行的，并且美国政府要求第三方网络众筹平台必须确保交易信息的充分披露，减少金融欺诈，保护投资者和公众的利益。

二、英国对互联网金融消费者权益的保护

互联网金融在英国发展迅速，在次贷危机之前其作用并未完全发挥，金融危机爆发后其优势显露，弥补了传统金融的不足，突破了传统金融发展的瓶颈，中小企业受益颇多。在互联网金融发展过程中，英国逐渐认识到对消费者权益进行保护的必要性，并加强对该领域的立法。英国出台的《银行营运守则》在金融领域有着不可替代的作用，立法宗旨主要是保护消费者的合法权益，平衡不同主体之间的关系。2001年，《金融服务和市场法案》出台，该法案具有一定的里程碑意义，告别了完全依靠行业自律的监管模式，加大了政府的干预。法案中规定设立金融服务监管局对金融行业进行监管。此外，该法案特别强调加强对金融消费者的专业知识教育，培养消费者风险防范意识和维权意识。2013年，英国《消费者投诉处理办法》正式颁布，该办法具有重大的现实意义，完善了金融消费者投诉处理机制。英国和美国在互联网金融领域对消费者的保护方式上有很大的不同，英国赋予各个机构自由管理权，各机构可以在本辖区内采取适当的方式对消费者进行保护，同时承担相应的责任。美国是将法条细化，从而多方位保护消费者的权益。英国还注重互联网金融消费者专业知识和维权意识的培养，从内外两方面对其权利进行保护。

英国金融业在发展过程中保持着高度的行业自律，十分重视交易规则，这使得金融监管无用武之地，因此，英国监管制度并不是很完善。随着互联网金融行业的迅速发展，早期的监管制度已经不能与社会发展需求相适应，其无法为互联网金融消费者提供充分的保护。英国经济学家泰勒提出"双峰"理论，金融监管的重点一方面要保障金融机构健康、有序发展，另一方面要加强对金融消费者的权益保护。为了有效监管金融机构从业行为，进而保护消费者权益，英国于1997年成立金融服务监管局，监管方式为综合监管。2012年，英国出台《金融服务法案》，此法的出台有效解决了英国监管不到位的问题，通过对监管模式进行调整，明确界定监管权限、制定监管规则，实现对消费者的全方位保护。对监管规则进行划分在很大程度上避免了监管不到位和重复监管的问题。2013年，英国成立金融行为监管局，作为专门的金融监管机构，不仅对金融企业的运作进行监督、指导，而且为消费者利用互联网平台参与金融活动提供良好的外部环境。P2P金融协会是另外一种内部监管机构，主要通过制定P2P借贷的行业准则达到监管的目的。P2P金融协会属于行业自律组织，主要监管方式是内部监管，表现在对互联网金融企业的业务模式进行规范。

金融产品的专业性与复杂性对解决纠纷的机构提出了较高的要求。在此背景下，英国率先建立金融申诉专员制度（简称FOS制度），FOS制度是一种诉讼外纠纷解决机制，主要规定在《金融服务与市场法案》中。通过将原有纠纷解决部门进行重组，建立一个全新的专门负责解决金融消费者投诉的机构。该机构相关人员具有扎实的金融专业知识，能对发生的争议进行理性分析并采取适当的解决方式，以实现维护消费者合法权益的目的。启动金融申诉专员制度应当符合以下两个条件，一是消费者向金融机构投诉，金融机构不作为，此时可以寻求金融申诉专员制度这一救济途径。二是投诉者对金融机构的处理结果不满意也可以启动金融申诉专员制度，符合以上两种情形之一才能启动该制度，可以说金融机构的先行处理是前置程序。与此同时，投诉者也必须具备相应的主体资格。金融申诉专员对作出纠纷解决的裁定需要进行复审，负责复审程序的调查员作出的裁定为终局裁决，金融机构和投诉者必须接受，例外情形就是金融消费者对处理结果存在异议且已经寻求司法救济。FOS 制度是互联网金融消费者解决纠纷的优选路径。相比于传统的纠纷解决机制，具有以下优势：第一，便捷、高效，符合互联网金融变化多端的发展环境；第二，金融申诉专员经验丰富、专业能力较强，处理结果能够得到争议双方的认可；第三，解决争议的方式灵活，金融申诉专员可以根据争议的具体情况选择合适的解决方式，和解、调解、裁决均可。总之，随着互联网金融模式的多样化，金融申诉专员制度在纠纷解决方面必将发挥重要的作用。

三、日本对互联网金融消费者权益的保护

次贷危机并没有对日本的金融行业产生过多的影响，日本吸收本国发展过程中的经验教训，借鉴其他国家的有益经验不断进行金融改革，完善金融体系。起初，日本的金融法律体系主要约束金融机构的行为，要求金融机构在交易过程中对消费者尽到说明义务和披露义务，从而进一步保护消费者。近些年来，日本从规制金融机构和侧重保护消费者两个方面进行改革，增强了风险防控意识。2000 年出台的《金融商品销售法》重点规制金融交易过程中可能出现的劝诱、误导行为，还规定了金融商品销售者对消费者的损害赔偿责任。2006 年，《金融商品交易法》颁布，完善了消费者权利保护规则，提出了设立民间纠纷解决机构这一想法。同时，《证券交易法》和《不动产特定共同事业法》对金融从业人员进行规定，要求他们在向消费者推销金融产品或服务时，要尽到提醒和说明义务，让消费者在充分了解金融产品或服务的情况下做出理智的选择。

日本金融监管模式与我国有很大的不同，我国金融监管采用的是分业监管模式，日本的金融监管实行的是混业监管模式。金融监管厅作为日本金融领域的主要监管部门具有很强的权威性，承担着金融业多个领域的监管职责。当日本互联网金融领域频繁出现消费者权益遭受侵害的现象时，金融监管厅认识到经营者违法从业是造成这一现象的重要原因，因此开始重视对互联网金融的监管工作。2013年开始启动立法研究，首先对股权众筹模式进行规定，包括次年颁布的日本版"JOBS法案"，是金融领域的创新之举。"JOBS法案"主要对投资型众筹进行细化规定，包括众筹投资者的主体身份、投资的最低或最高限额、众筹机构承担的义务等具体内容。此外，"JOBS法案"还对金融从业机构的禁止事项作出了严格的规定。日本监管机制在创新的同时又有效地规避了风险，为消费者提供了一个安全的交易环境，为其合法权益的实现提供了充分保障。

金融危机之后，金融消费者权益的保护成为各国关注的焦点，日本对金融消费者权益的保护存在以下问题：已存在的纠纷处理平台不完善，金融监管不到位，司法途径无法及时有效地解决纠纷，等等。日本在借鉴英国FOS制度的基础之上设立ADR制度（替代性纠纷解决机制）。日本金融ADR制度的运作流程如下：（1）有意愿从事纠纷解决业务的机构先要向金融监管厅（日本主要金融监管部门，简称FSA）提出申请，FSA对其资质进行审核，批准进入后的纠纷解决机构接受行政部门的监督；（2）纠纷解决机构受理金融机构申请有一个前提，即金融机构与纠纷解决机构签订"同意实施程序基本合同"。（3）纠纷发生后消费者只可向指定的机构提出申请；（4）纠纷解决机构根据法定程序对争议进行处理，出具解决方案；（5）消费者可选择接受或拒绝。通常情况下金融机构应当接受调解方案并依据其履行职责，例外情形就是消费者已经提起诉讼。日本金融ADR制度本着倾斜保护弱者的理念，在改变以往偏袒大企业大机构的做法方面具有一定的创新性。日本对纠纷解决机构的选择有严格的要求，选择具有较强业务能力的机构能够提高工作效率。ADR制度的非诉性质能够促使纠纷尽快解决，金融机构为了避免频繁陷入被告地位，同时考虑到自身的声誉会尽快达成和解协议，对其来说 ADR 制度是一个很好的选择。

美国作为世界上最发达的资本主义国家，其在保护金融消费者领域，尤其是在互联网和金融消费者交叉的领域有着极其重要的措施。英国和美国同样是标准的判例法国家，但是两个国家又有着截然不同的国情，这就决定了两者的监管模式会有所不同，虽然国外没有互联网金融消费者的具体概念的界定，但是两国在实践中的颇多做法，还是值得我国借鉴的。

四、域外互联网金融消费者权益保护的启示

（一）完善的互联网金融消费者权益保护法律体系

我国的当务之急就是制定出一套法律法规，将互联网金融市场合法化的性质用法律的形式予以确认，通过建立起一系列的配套措施以及制度保障对互联网金融机构的运营者进行法律层面的监管，以便保护互联网金融消费者的权益。随着互联网金融经济的快速发展，互联网金融模式的风险和危害逐渐暴露在人们面前，政府、社会、消费者三方逐渐意识到加强互联网金融领域内的相关立法工作已经是迫在眉睫，考察互联网金融立法模式的两种选择，大多倾向于对现有的法律法规进行修改，扩大其适用的范围，将其扩展到互联网金融领域。在互联网快速发展的今天，创新的事物层出不穷，如果力求做到精细化的权益保护，进行专门的立法保护工作，可能造成无谓的资源浪费，通过扩大立法适用，互联网 P2P 交易平台、互联网第三方支付平台和互联网众筹就会有法可依。英国通过颁布法律对互联网金融机构经营者的权利进行严格的限制，法律规定了机构经营者的强制信息披露义务，以及严格限制不公平交易条款在交易当中的应用。美国以法律、法规的形式保护互联网金融消费者，如政府颁布的《多德-弗兰克法案》，在该规定中强调了保护弱者的原则，即网络金融消费者与网络金融机构经营者之间的信息不对称和网络金融消费者专业知识及技能的缺乏，为了维护互联网金融市场的稳定运行，金融监管机构必须对互联网消费者给予倾斜照顾。

（二）成熟的互联网金融企业与平台监管体系

我们不难发现美国和英国在保护互联网金融消费者方面有着共同点，那就是严格执行信用评级制度，以用来降低出借人和借款人之间的信用风险。通过政府行为的介入，要求交易平台执行相关的信用评级制度，为双方搭建起一个公平的、可信任的交易平台。即为互联网金融机构的经营者和消费者搭建起一个相互信任的平台。根据信用评级制度把互联网金融机构的经营者划分为不同的等级，在互联网 P2P 交易平台上，允许信用评级较高的经营者进入该市场，作为出借人，出借其闲置的资金给资金的短缺者，进而获得一定的资本增值额，对消费者也应采取严格的信用等级制度，信用评级系统可以直接确定借款金额、利率和借款偿还期，按照双方自愿的原则，达成交易。对严重失信的互联网金融机构或者消费者进行权利限制，更严重者进入信用评级黑名单系统中，实施联合惩治措施，为借款人按时还款还息施加压力。我国的信用评级制度还处在初级阶段，常见的方式如多部门联合惩戒失信执行人名单、蚂蚁花呗和借呗通过借款人的信用得分来确定消费金额等，这些均有力地证明了这一举措是正确的。此外，我国还应当对互联网金融机构和消费者交易双方进行同等的保护，但是对交易的双方主体又应该是有差异化的保护，即保护的侧重点不相同。而这些权益保护的前提条件则是通过制定一系列的法律法规限制不公平交易条款以及格式条款在交易中的适用，通过建立外部监督、行业自律、自我监督等三管齐下的监督方式，形成一系列的监管准则。现阶段我国要进一步地严格规范信用评级制度的评价主体、评价标准以及评价的机制，设置有关的政府信用监管部门，如上述提到的金融服务监管局和金融行为监管局，确保信用评级制度得到有利的发展，并且可以通过修改《中华人民共和国消费者权益保护法》，增加买方有权悔改之类的条款，严格限制不平等、不公正条款在实践中的应用。

第八章

完善互联网金融消费者权益保护的措施

近年来，互联网金融作为创新高地，使消费者权益保护成为不可回避的话题。互联网金融在传统金融所难以涵盖的服务领域发挥了巨大作用，弥补了传统金融的不足，为社会带来的经济效益较大。但与此同时，也有部分投机者借用互联网金融的名义进行欺诈活动，如果消费者不懂分辨，权益极易受到侵害。互联网金融的发展在很大程度上改变了我国金融业务的格局，就目前的实际情况来看，我国的互联网金融在发展的过程中还存在一系列的问题。

目前，互联网金融在防控风险上存在三大挑战：一是数据真实性很难得到保障；二是风险量化存在困难；三是资金透明度不高，关联融资情况难以了解。国家互联网金融安全技术专家委员会秘书长吴震表示："发现问题很容易，但很难做到全面准确地提前预警。"互联网金融从业者首先要树立"将风险防控放在第一位"的理念，对风险有敬畏之心，这是从业之基，也是从价值观上、从根本上为消费者、为互联网金融平台的发展保驾护航。金融从业者不应该单纯以营销为导向、以业绩为导向，金融不是要做得多快、多大，而是要做得多稳、多久，要以社会效益为导向，强化并完善消费者权益保护。在互联网金融发展的过程中，互联网的特征导致消费者合法权益得不到有效的保障，对我国互联网金融的发展产生了较大的影响，因此需要进一步完善对消费者权益的保护，推动和促进我国互联网金融业务健康发展。

一、加强客户隐私和数据保护，建立电子证据第三方存管制度

在互联网以及互联网金融的发展中，信息安全和隐私保护一直是困扰其发展的关键因素，世界各国在互联网以及互联网金融的发展中都十分重视隐私保护和信息安全，例如世界银行认为要解决这一问题，就必须要求各类型金融机构在业务发展的过程中采取一切可行的方案来确保用户的隐私和信息不被泄漏，利用各种安全技术来保证用户信息的安全。而对互联网金融业务来讲，在发展中必须依靠强大的科技力量对所表现出来的漏洞进行修补和完善，采用先进的技术以及管理措施来保证数据的安全。同时要进一步加快电子证据第三方存管制度的建设以及推广，利用第三方存管制度的优势来确保信息安全，全方位对用户的个人信息和数据提供保护。此外，第三方平台也应有力地保护客户的隐私和购买信息，对数据保护起到有力的监督作用。

互联网金融行业要以"合规、责任、诚信、自律"为主题，加强企业及个人的投融资教育，提高投资者风险防范意识，促进金融机构合规化发展，提升其社会责任感，从而全面维护金融消费者的权益，营造健康和谐的金融消费环境。在国家对互联网金融行业的大力整治之下，行业正逐步摆脱野蛮式发展，走向理性、正规。然而在此阶段仍然潜藏着一定的行业风险，如不谨慎对待，金融消费者将面临巨大损失，逐步趋稳的行业秩序也将遭到破坏。互联网金融行业要努力为构建和谐稳定的金融市场氛围贡献自己的力量。互联网金融企业要坚持合规自律发展，积极落实国家颁布的各项行业政策法规，以负责任、讲诚信的态度运营平台，并通过完备的风险控制体系、贴近用户需求的产品设计及透明的信息披露制度等，切实保障金融消费者的权益。

二、改进互联网金融监管体系

互联网金融监控是保证互联网金融可持续发展的重要保障。互联网金融监管层要与时俱进，理解互联网带来的社会革命，要求政府及行业协会等要对互联网金融平台从不同的角度、采用不同的技术和方法进行监管。对互联网金融服务商进行持续不断的监控和监管，及时发现问题和不足，通过监管来降低互联网金融平台在发展中的风险，保证消费者的合法权益不受侵害。要求针对互联网金融服务建立由多元化主体参与的监管体系，通过不同监管主体之间的合作监督，全方位保障消费者在互联网金融中的合法权益不受侵害。互联网使得金融不再高高在上，而是"飞入寻常百姓家"，但与此同时也使得风险传染到了最底层。金融消费者一旦遇到风险受损，就可能演变成金融风险性事件，损害金融稳定性。因此，金融消费者权益保护愈发显得重要和迫切。过去没有风险防范能力的弱势者成为金融消费者，他们的经济弱势、信息弱势、身体弱势、认识弱势、心理弱势和风险识别防控弱势，使得他们一旦遇到风险受损就会要求刚性兑付，甚至演变成上访者。因此，为金融插上互联网的翅膀，"飞入寻常百姓家"的时代，保护金融消费者也理所当然地成为金融机构和从业者的法定义务及责任。为加速肃清行业违规现象，监管风暴席卷而来。自2018年起，互联网金融进入了加强监管时代，政府工作报告提出要健全对互联网金融的监管。"健全监管"的意思就是互联网金融行业已初步建立了较为完善的制度政策体系，这套体系接下来将得到进一步的丰富、成熟。与传统金融相比，互联网金融在利用金融科技方面发展得更快一些，新技术的运用有利于提升金融服务的可获得性和便捷性，但风险传播的速度也在加快，同时种种网络金融独有的问题对金融安全构成新的挑战，例如网络安全、个人隐私、数据滥用等。健全互联网金融监管体制，加大科技在监管机制方面的投入，将有助于强化监管和保护金融消费者权益。

改进互联网金融的监管体系，要遵从以下几个原则：第一，对互联网金融行业我们还是要抱着鼓励和包容的态度；第二，要坚持底线思维；第三，要坚持一致性的监管原则。经历"暴利时代""野蛮生长""跑路风云"三部曲的互联网金融行业将告别战国江湖，步入有法可依的时代。随着行业的发展和投资者的专业化，互联网金融的参与主体将不断增加，投资种类也将更加多样。互联网金融进入飞速发展的时代，那些投资种类广泛、产品风险分散、资产配置全面的平台将逐渐成为市场的主体。在此过程中，风控机制将成为行业的重要指标，风控体系不仅仅是企业备案、资金存管，同时还与平台内部的运营体系有关。如平台上资讯的真实性、信息的公开透明、资金的可追溯等，用户、资金、项目资源和风控体系仍将成为互联网金融平台的核心竞争力，只有这样，互联网金融才能在适度的监管下更好地发挥资源配置和金融创新的作用。

三、运用大数据技术对消费者进行分类管理

以客户为中心是现代金融发展的核心理念之一，而互联网金融在发展的过程中同样确立了以客户为中心的发展和服务理念。一方面，在互联网金融的发展中需要利用海量的数据，以大数据为核心技术对用户进行分类管理，这样能在很大程度上提升互联网金融平台的市场竞争力。在取得消费者授权的情况下，以数据挖掘技术对大数据进行分析，得出不同用户的偏好及投资情况，并且针对其进行分类，针对每个不同类型客户的需求为其提供不同类型的产品，制订有针对性的金融解决方案。

另一方面，也要对消费者、生产商、运营商等投入持续的关注。在这个方面，大数据已经成为对消费者进行分类的关键角色。当下，利用大数据分析能更加准确地定位互联网金融消费者的兴趣和偏好，有利于互联网金融平台针对用户的需求量身定制投资网贷的方案，这是大数据分析的核心所在。在消费领域，通过使用真实的生活数据分析消费品的购买情况，在网络平台上将会产生大量的数据源，通过这些数据精准了解消费者心理，对互联网金融线上营销来说具有特别重要的意义。社会

的所有行为都能通过网络数据来表现，那么，数据已经成为与劳动力、资本同等重要的生产因素，而人们对海量数据的挖掘和运用，也预示着新一轮生产率的增长。未来互联网金融企业进行消费者人群市场细分时，可以在大数据的指引下，找到目标消费群分布的地方，然后用有创意的投放形式形成销售，进而扩大自己的消费者群体。通过大数据进行探查，一方面我们可以知道消费者的消费行为和个人偏好，另一方面，消费者的身份也由过去传统意义上的买家，转变为集买家和卖家于一身的双重身份，致使来自消费者和经营者的信息更为复杂多样。

四、将协会保障消费者权益的功能充分发挥出来，做到"穿透式"监管

互联网的复杂性及特殊性，致使其在保障用户权益时面临一定的负面影响。中国互联网金融协会成立于2015年12月，该协会是2015年7月18日经党中央、国务院同意，依中国人民银行、银监会、证监会、保监会、工信部、公安部、工商总局等十部委联合发布的《关于促进互联网金融健康发展的指导意见》（银发〔2015〕221号）要求而成立的，是中国人民银行会同银监会、证监会、保监会等国家有关部委组织建立的国家级互联网金融行业自律组织。国务院办公厅发布《互联网金融风险专项整治工作实施方案》，要求在互联网金融监督中实施"穿透式"监督模式，在监管中对各主体的监督职责进行确定。事实上，"穿透式"监督可以从本质上监督互联网金融，了解互联网金融发展期间应遵守哪些规章制度和行业准则。此外，在监管期间，应将行业协会的功能全面发挥出来，在风险控制、预警、建设消费机制、投诉处理等各方面将行业协会的功能淋漓尽致地发挥出来，加大保障消费者权益的力度，使互联网金融行业的权益得到应有的保障。对互联网金融业服务人员的工作建议及要求进行分析思考，通过一系列的活动促进互联网金融继续发展，并加强国际合作和国际交流。

因此，为了增加国内互联网金融业的透明度与法制化，行业协会应采取穿透式监管，不断深入，直指要害。在监督互联网金融业时应做好以下几点：第一，成立风险控制联盟，引导机构协同发展，发布风险应急预案，科学评价风险隐患信息以及存量项目风险强弱；第二，及时成立风险缓释基金，加强突发事件的解决能力，不断解决各种行业风险；第三，行业协会支持并鼓励机构成立纠纷解决小组，设置投资人热线电话，各机构定点接待投资人，对各类风险因素进行妥善处理，积极解决各类问题及纠纷；第四，对转让债权的年化利率和线下发售活期类理财产品给予高度重视，对期限结构进行科学的安排；第五，协助金融消费者树立契约意识，依法履行自身的职责，遵守合同条约；第六，拟选良性退出行业的部门，设计清退方案，提前向行业协会及有关机构进行告知，增加退出行业的透明度；第七，加大金融知识的教育普及力度，引导会员机构以及投资人正确保障自身权益；第八，严厉打击自媒体敲诈勒索或恶意中伤的不法行为。行业协会应清醒地意识到，在实施专项整治工作时，应对动员和部署的重要性、紧迫性实现"打铁先要自身硬"，及时整改，科学防范风险，将规范管理及早纳入整改合格的机构，实现科学处置。

五、加强互联网金融知识的普及教育

在发达国家，互联网金融教育已经成为互联网金融发展中必不可少的内容之一。例如美国、法国等国家在义务教育中引入了金融教育课程，通过该种措施来提高受教育者的金融知识水平。因此我国在金融服务中需要采用一定的方法来加强互联网金融知识的教育和普及，这样能够在很大程度上降低信息不对称现象所导致的各种问题，同时提升用户在互联网金融业务中保护自己的能力。金融知识的匮乏导致用户在互联网金融中处于劣势地位，对其利益保护产生了负面影响，因此这就要求我们必须采用各种教育途径来对用户普及金融知识。国务院已经定下互联网金融发展与监管"鼓励创新、防范风险、趋利避害、健康发展"的总体基调。

改革开放40多年来，我国发生了翻天覆地的历史性变革，已经进入中国特色社会主义新时代。人民的生活水平和生活质量得到了极大的改善，人们对金融知识的需求以及对财富升值、管理和规划的需求也与日俱增。40年春风化雨，40年跨越腾飞，金融知识的宣传与倡导是提升国民金融素养的关键，对促进金融业发展、提高人民生活水平具有重大意义。做好整个社会的金融教育，需要金融监管者的政策保护，需要金融机构的自我规范，需要金融从业者的正面引导，更需要整个行业参与者的通力合作。中国金融教育发展基金会自1992年成立以来，始终以"普及金融教育，提高国民金融素养"为使命，立足"普惠教育、学历教育和职业教育"，重点打造了"金惠工程""精准资助大学生千人计划"等品牌公益项目；自主开发的"普惠金融知识系列读本"被纳入全国金融标准化工作内容；自2016年起在大兴安岭南麓集中连片特困地区和吕梁山集中连片特困地区开展基线调查，如今已经将范围扩大至云、贵、川、青等省，并适时发布《中国农村居民金融素养调查报告》，为发展普惠金融、实现精准脱贫和实施乡村振兴战略提供有力的数据支撑。随手科技是国内领先的个人理财应用服务提供商，作为互联网金融企业，发挥专业优势反哺社会，支持公益行业从业者、普通个人及家庭，以及社会特殊群体进行金融普及教育和财商培养，体现了强烈的公益热情和高度的社会责任感。多年来，中国金融教育发展基金会积累了普及金融教育的实践经验；而随手科技作为互联网金融行业的后起之秀，具有创新的思维、专业的管理和高素质的人才。

六、健全纠纷处理机制，建立互联网金融网络仲裁机构

互联网金融中出现的对消费者权益的侵害可能会对当事人造成严重的损害，同时也可能会导致消费者财务受损而无法及时进行维权。因此，这就需要在互联网金融发展的过程中建立有效的纠纷解决机制，例如通过建立在线纠纷处理平台及时对纠纷进行处理。目前我国广州、青岛等地区已经针对互联网金融建立了仲裁平台，在此基础上进一步健全纠纷解决机制，建立在线纠纷处理平台，通过及时的在线纠纷调解来提升互联网纠纷处理的效率和效果。互联网金融的出现，使得通过互联网出借资金获取额外收入成为可能。然而，随着网贷市场的急速扩张，盛景之下却难掩失信之伤——借款人逾期、拒绝还贷。如何有效解决借款人逾期不还款的问题成为摆在互联网金融行业与当事人面前的严峻挑战，互联网仲裁的出现有效缓解了这一难题。鉴于互联网金融业务参与主体多、地域跨度大，且以电子证据为主、法律架构创新等特点，传统经济纠纷解决方式在互联网时代遇到诸多问题。以法院案件处理流程为例，不仅每个环节的实际参与者和参与对象不同，需要当事人将维权诉求委托给律师，由律师到法院立案，经由调解中心、立案庭、业务庭等多个流程，所有参与者都要对案情进行重新梳理，参与者本身又都是成本较高的专业人士，综合而言，不仅耗时耗力还要垫付费用，对网贷平台而言，这类方式并不适用。相比诉讼，互联网仲裁无疑是网贷平台解决用户恶意逾期等金融合同纠纷的有效途径。

随着电子签名、网络查控、银行存管等环境的成熟，加之整个网贷行业对合法合规的积极响应，互联网仲裁也被证明是目前适合解决逾期纠纷的有效路径之一。仲裁机构可以通过制订网络仲裁规则搭建网络平台，在线上完成辩护、举证质证、审理等仲裁活动的方式，契合网贷平台的业务模式。通过互联网仲裁通道申请仲裁，催收过程高效压缩，申请受理之后仅需5~7天就可拿到裁决结果，追讨千元标的的逾期案件，处理费用仅需不到百元，催收成本也大大降低。除了催收效率高外，还具备相应的法律效力，裁决书效力等同于法院的判决，无须线下出庭。按照一般流程，仲裁庭立案审理后签发仲裁裁决书。仲裁裁决书具有法律效力，与法院判决书具有相同的强制执行力。对不履行仲裁裁决书的"老赖"行为，法院会依法强制执行财产以清偿借款方的贷款损失，包括消费、就业、出行、子女上学等。未来，将全面启用互联网金融仲裁新模式，将利用互联网批量仲裁在贷后处置方面的优势，充分运用法律途径打击恶意逾期拒还款行为，助力社会诚信体系的建立。

七、加强反洗钱能力，提高对消费者的金融知识普及教育力度

互联网金融自身的特点使之成为金融业实施非法交易的关键对象，互联网金融当下最重要的任务之一就是反洗钱。监督部门应发布有关规定，在反洗钱工作中团结各方力量展开协同合作；互联网金融业应与反洗钱部门、监管部门建立密切联系，提高内部行为操守以及自律能力；利用理财知识普及引导更多用户积极投入到反洗钱行动中去，利用理财教育使互联网金融业获得良好的发展环境。从发展之初到现在，我国互联网金融业取得了一定的成效，然而，也遇到一定的威胁和阻滞，而解决此类难题的重要利器就是保护消费者权益，加大消费者金融知识的普及力度。首先，金融行业信息失真并因此而产生发展失衡等问题，如收集金融信息的能力弱、信息收集的便利性差和理解能力不强，在偏远山区或收入较低的消费者中表现得尤为明显。其次，许多金融消费者存在一定的错误认识。如部分风险被消费者低估，而他人对未来事件的保障力度却被消费者高估，甚至高估金融管理、对权威人士的建议太过重视等。在这种环境下，业界与监管部门最重视的问题就是加大保护金融消费者及普惠金融教育的力度。从教育金融消费者的层面来说，教育消费者能使普惠金融服务被更多的消费者接受、认可，进而达到扩大金融服务范畴、提高服务满意度的目标。此外，通过教育金融消费者也可以使金融服务被这些社会弱势群体主动接受，无形中就激发了消费者对金融服务的需求，引导金融机构改善自身的产品和服务质量，将安全、优质、有效、合理的普惠金融服务提供给社会各界人士。要想保障消费者合法权益，就要提高教育金融消费者的力度，增加消费者自我识别以及自动识别的能力。最后，要对非法集资进行全面打击，要让消费者抵制非法集资，就需要在全社会提高金融知识的教育普及力度，使消费者保障自我权益的能力明显上升。

普惠金融是现在及未来的新竞争市场，而实现普惠金融的最佳渠道就是互联网金融。在互联网时代，可通过以下四点进行风险控制：一是

积极做好专项整治互联网风险的各项工作，创建一个规范、理想的发展环境；二是提高大数据技术的监测能力与预警能力，做到早发现早治理；三是促进互联网行业规范发展，出台相应的法律法规并安排专门部门进行监督管理；四是德治，应加大管控行业高管及从业人员的力度。需要注意的是，阻碍互联网金融持续发展的关键因素就是消费者信息安全和资金安全问题。面对飞速发展的互联网金融和持续发展的互联网金融业，保护消费者权益及信息安全问题遇到了空前的威胁，当下，最需要处理的问题就是如何使消费者的合法权益得到应有的保障，要知道，这是全社会的责任。所以，应根据《网络借贷信息中介机构业务活动管理暂行办法》，构建完善的数据加密、防火墙、入侵检测以及灾难恢复等网络安全性极高的管理机制，避免泄露消费者的个人信息。实际上，金融行业的持续发展、健康发展既需要行业自律，又需要推广宣传金融知识。根据当前金融部门的投资者教育机制及教育理念，金融机构已切实认识到用户风险教育十分重要。金融机构可以利用不同传播渠道，将有关的金融信息及风险控制措施传递到各个用户手中，以此增加用户的风险控制意识及能力。同时，也可以向用户传递正确的投资理念，协助用户对自己的风险承受能力和投资类型有所了解，使用户的风险承受与可承受能力完全匹配。只有使消费者权益得到保障，才可以让更多的消费者支持并认可互联网金融业，促进行业不断发展。在这当中，最关键的一个内容就是加强维护金融消费者权益的力度。我国互联网金融行业既要推动自身的快速发展，又要有效保护消费者的切身利益。

第九章

构建互联网金融与消费者权益保护的良性互动机制

互联网金融的发展，有利于金融业和经济的快速发展。但是在这一过程中要重视对互联网金融消费者权益的保护，只有实现二者的良性互动，才能在互联网时代对经济发展发挥积极的作用。

一、采取切实可行的措施，提高互联网金融消费者的法律意识

在政府层面，建议对互联网金融消费者进行相应的法律培训，对较大规模的互联网金融平台机构，可以聘请法律顾问为消费者服务。互联网金融已经成为金融行业发展的趋势，在未来会得到进一步的发展。虽然互联网金融还处在初期发展阶段，但其发展速度非常快，要想让这个行业得到有序的发展，必须要先保护这个行业的发展。只有在萌芽期对行业限定规则，对行业基础加以保护，才会让行业稳步发展。保护投资人、借款人就是保护消费者。消费者是构成行业主体的第一要素。如果一个行业生产的产品卖不出去，那么这个行业最后肯定会衰败。所以，保护消费者对互联网金融来说是最为重要的。对互联网金融消费者的保护最重要的一点是让消费者认清金融风险，了解互联网金融市场，稳健投资。对投资人和借款人来讲，最大的保护不仅仅是法律上的保护，更是自我的保护。我们自己认清投资形式，熟悉金融风险，了解行业法

规，才是对自己权益的保护。所以，要想对互联网金融消费者的保护落地，对投资人展开金融知识普及教育是最根本的要素之一。

二、建立金融中心，构建涉外金融平台

以哈尔滨为例，作为黑龙江省的经济、文化以及社会发展的中心，也是东北地区乃至周边国家金融发展的中心，需要进一步提升哈尔滨市在东北亚地区金融服务中的中心地位，提高哈尔滨市的金融服务能力。在金融服务中心的建设过程中，要充分发挥哈尔滨市的区位优势，积极将其与国际贸易服务相结合，提供海外金融服务以及国际结算等金融业务。以黑龙江省与俄罗斯产品和商品的供应以及服务为载体，进一步扩大人民币和卢布的快速结算，进一步提升货币结算业务的覆盖范围和服务规模。积极鼓励哈尔滨市金融服务机构提升创新能力，积极探索人民币与外币交易的新途径和新方法，提升现钞交易在区域贸易中的规模和覆盖范围，通过通商贸易服务带动周边地区结算口岸的发展，推动人民币在东北亚地区的快速流动。在东北亚金融服务中心的建设过程中，由政府部门牵头，积极引入市场力量的参与，构建多元化的跨境金融平台，大力发展境外担保服务和融资服务，解决贸易企业在发展过程中所遇到的金融问题。

三、成立专门的互联网金融消费者权益保护的法律顾问队伍，为互联网金融消费者的消费决策进行法律咨询服务

以研究消费者权益保护问题的学者和专家构建专门的法律顾问队伍，由顾问队伍为消费者保护提供服务。该机构要充分掌握甚至精通本国法律体系中同外资企业相关的条款，帮助投资方全面掌握对方国的投资环境和法律情况，随时随地为投资方提供专业的咨询服务和其他帮助，为投资方做出科学、合理、高效、正确的投资决策提供必要的法律参考和借鉴。有很多经营者认为，自己的企业经营规模太小，请律师不划算。但是事实上，企业规模越小，在谈判中掌握的主动权就越小，越

容易"被迫"接受不合理的商业潜规则和大企业事先准备好的"格式条款"，成为受害者。这样的小企业往往处于高风险的境地，企业的生存空间非常脆弱。这时，一个优秀的法律顾问的工作，也许并不是在与对手的谈判中叱咤风云、针锋相对，而是懂得什么地方可以让步、什么地方是死穴和底线。甚至即使在经营者为了商业考虑而不得不冒险签署一些不合理、风险较大的合同时，至少他能让你对风险有多大、能大到什么程度以及是否有补救措施可以化解等问题有充分的了解，决不会出现没有预料到的后果。

四、建立互联网金融法律法规信息数据平台

随着信息技术的不断发展，互联网对人们的日常生活和各行各业都产生了深刻的影响，并衍生出了一系列经济产业。互联网金融作为一种传统金融行业与互联网相结合而产生的新兴行业，建立完善的法律法规体系，使我国的互联网金融能健康、有序地发展，为我国的经济发展提供重要的推动力。与此同时，作为数据平台，应该将为网络投资者提供所需的投资信息作为职责之一，并对网络投资者的发展经验和教训进行总结，积极学习成功案例所留下的先进经验，从而给其他投资者提供指导意见，吸取教训，防止做出错误的判断，进而避免造成损失。

五、加快审查金融风险，推动互联网金融法治建设

互联网金融的模式多样，就我国而言，其基本模式包括大数据金融、第三方支付、P2P网络借贷、众筹模式等。这些模式在经济、贸易等方面产生了巨大的影响，但也存在风险，甚至出现许多利用互联网金融进行违法犯罪的行为。这些行为不仅给国家、集体和个人的财产造成了巨大的损失，而且也严重阻碍互联网金融的正常发展与进步。因此，加强互联网金融法治建设是一条必经路径。加强互联网金融法治建设，有利于消除互联网金融风险，形成健康发展的环境与秩序；有利于保障和推进金融领域改革，巩固互联网金融创新的改革成果，推进依法治国进程。目前，互联网金融的风险具体表现在以下几个方面：一是机构业务超出许可范围的风险。我国互联网金融机构主体多样，但很多金融机构都缺乏业务经营许可证，没有按照规定的程序进行登记注册，它们的业务也容易超出许可范围。二是机构审查的责任风险。与银行相比，互联网金融机构对客户身份审查不严格，程序简单。一旦客户涉及非法行为，机构难辞其咎。三是投资者信息不对称的风险。投资者无法识别互联网金融机构的真实身份及资质信用，信息诈骗的风险较大。四是隐私保护方面的风险。机构采集了许多投资者的各种个人信息，但往往忽视了对这些信息的妥善保护，更有甚者，还会出于某种目的故意泄露或倒卖信息，这给个人隐私的保护带来了极大的风险。五是资金安全方面的风险。由于机构拥有资金的调配权，存在资金被挪用的风险。六是借贷兑现方面的风险。借款的资金也存在无法兑现的风险。七是交易过程方面的风险。电脑病毒、钓鱼网站及网络攻击无孔不入，使得交易安全存在重大隐患。八是规则滞后方面的风险。立法、行业规则、滞后给互联网金融的整体动态和实际运作带来一定的不可预知的风险。九是刑事责任的风险。互联网金融风险不仅会产生民事责任、行政责任，也会产生刑事责任。十是国际合作与交易方面的风险。目前我国在互联网金融国际合作方面的工作开展得不够，无法完全消除交易过程中的国际风险。

  法治通常包括两重含义：一是已成立的法律获得普遍的服从，二是所服从的法律本身是良法。以此为标准，我国互联网金融法治建设还有待进一步加强。一要进一步提高对互联网金融法治建设重要性的认识。互联网金融法律制度涉及的领域较多，技术性较强，各执法部门、业务部门及普通群众要充分认识到互联网金融法治建设的重要性，推动良好的互联网金融法律秩序的形成。二要进一步明确互联网金融模糊区域的性质与界限。如在打击一些与电信诈骗相关的灰色产业方面存在无法可依的现象，互联网金融领域的市场准入制度和国家标准也亟待明确。三要完善国内互联网金融监管的法律规定，逐步实现个人信息收集、使用和共享机制。四要借鉴域外的有效规定，完善我国的法律制度。如美国、欧盟法律关于平台沉淀资金的存放与监管的规定值得我们借鉴。五要加强互联网金融领域的涉外法治建设。由于互联网金融交易都是交易对象在平台上进行的，具有跨国、跨区域的特点，且常常具有涉外因素，因此，涉外立法的应对就显得非常重要。六要积极参与互联网金融风险防控的国际立法活动，提高国际合作与司法协助的效率。七要加强互联网金融法律人才队伍的建设。目前的法律人才队伍无法完全适应互联网金融发展的需要，要加强互联网金融相关法律的知识培训，建立一支熟悉了解互联网金融法律的人才队伍，以有效应对互联网金融风险。

六、完善互联网金融消费者纠纷解决机制，畅通消费者维权渠道

在缺乏完善的信用环境和监管规则的情况下，互联网金融领域的风险事件频繁发生。个体网络借贷机构跑路、支付乱象等纠纷经常受到许多媒体的关注。消费者权益受到侵害，争取以和平的方式解决是最为理想的状态。互联网投资者在投资出现问题时，往往是通过自己的力量寻求帮助，为此，可以通过组建组织体的方式，例如设立一个联盟，联盟成员包括会计师事务所、律师事务所、公证处、企业、知识产权方面的专家等。

（一）互联网金融的纠纷类型

互联网金融领域发生的纠纷，与其业务密切相关。互联网金融的业务是互联网金融平台与外界展开的。因此，互联网金融的纠纷类型主要有以下几种。

第一，合同纠纷。

第二，侵权纠纷。

第三，合规纠纷。

（二）互联网金融纠纷的多元化解决

（1）在线解决，是最便利的解决方法。

（2）现场接待，是最传统的解决方式。

（3）监管受理投诉，是纠纷解决最直接的一种方式。

（4）第三方调解，是解决民事争议的一大途径。但就其效果而言，恐怕不会太明显，原因在于当前情况下缺少有公信力的第三方，缺乏受调解约束的救济习惯。互联网金融监管强调行业自治，未来是否会出现中立的第三方（行业协会或行业协会下属专门工作委员会），推动互联网金融纠纷的调解解决，值得期待。

（5）诉讼，是目前互联网金融平台选择最多的纠纷解决机制。相比仲裁而言，诉讼具有权威性强、执行力度大、更注重程序、权利保护更充分等特点。但对互联网金融平台的诉讼来说，可能会因涉及人数多、分布广等因素，诉讼的成本会比较大。另外，平台的诉讼主体资格也会因某些中介业务而存在不确定性。对互联网金融的消费者而言，可能存在举证困难、费用高、执行困难等问题。

（6）网络仲裁对互联网金融合同纠纷的解决。在网络仲裁与互联网金融合同纠纷解决之间，事实上是天然匹配的。究其原因，第一，因为互联网金融平台涉及的合同均为电子化合同，只要通过一定的技术［如电子商务认证授权机构（CA）认证、时间戳等］，即相当于文件原件能直接在互联网上快速、便捷地传送。第二，网络仲裁对仲裁申请人与被申请人的地域性要求不高，这正好解决了互联网金融参与人分布广泛的问题。第三，网络仲裁机构的高效、接受创新。第四，网络仲裁可发挥网络快捷便利的方式实现在线解决争议，更好地保证仲裁程序的公正、公平、公开的要求。仲裁过程必须透明化，仲裁结果可以在网络上得以公开。

参考文献

一、国内

[1] 何蓓蕾. 互联网金融消费者安全权的法律保护 [D]. 上海：上海师范大学，2015.

[2] 文明峰. 互联网金融消费者财产安全权保障研究 [D]. 重庆：西南政法大学，2016.

[3] 温广虎. 互联网金融消费者权益保护研究 [D]. 合肥：安徽大学，2015.

[4] 康书生. 银行制度比较与趋势研究 [M]. 北京：中国金融出版社，2005：125-136.

[5] 吴弘. 金融纠纷非讼解决机制的借鉴与更新——金融消费者保护的视角 [J]. 东方法学，2015（04）：97-101.

[6] 张效廉. 贯彻"一带一路"倡议 推进"中蒙俄经济走廊"建设 [J]. 学习与探索，2015（11）：18-25.

[7] 陈永昌. 积极开发东部陆海丝绸之路经济带 [J]. 奋斗，2014（8）：39-51.

[8] 黄震. 互联网金融法治化需新思维 [J]. 中国金融，2014（2）：26-29.

[9] 马国泉. 金融消费者保护研究 [M]. 北京：法律出版社，2013：105-129.

[10] 白杰. 我国互联网金融的演进及问题研究 [D]. 保定：河北大学，2014.

[11] 姜林静. 我国P2P网络借贷行业发展不规范问题分析 [J]. 价格理论与实践，2016（5）：79-81.

[12] 牛丹，侯昊辰. 网络购物环境下的消费者权益保护问题研究 [J]. 情报科学，2013（7）：55-62.

[13] 周琳，倪元锦，龚雯. 掘金"懒人经济"O2O引领消费升级 [J]. 中国中小企业，2017（11）：16-19.

[14] 杨群华. 我国互联网金融的特殊风险及防范研究 [J]. 金融科技时代，2013（07）：42-49.

[15] 鲁文灿. 商业银行信息化背景下互联网金融竞争策略研究 [J]. 中国集体经济，2017（01）：63-66.

[16] 张严方. 消费者保护法研究 [D]. 北京：中国社会科学院研究生院，2002.

[17] 常家玮. 金融消费者信息保护法律问题研究 [J]. 重庆科技学院学报（社会科学版），2018（06）：24-27.

[18] 李建华. 金融消费者权益保护问题研究 [J]. 时代金融，2018（29）：62-64.

[19] 李想. 金融消费者知情权保护问题研究 [J]. 中国市场，2018（32）：35-37.

[20] 陈梦溪. 我国金融消费者权益保护中存在的问题及对策研究 [J]. 河南机电高等专科学校学报，2018（05）：31-34.

[21] 刘超. 互联网金融消费者个人信息的法律保护 [D]. 兰州：兰州大学，2018.

[22] 屈冠君. 互联网保险消费者权益保护问题研究 [D]. 兰州：兰州大学，2019.

[23] 张嘉录. 金融消费者权益保护工作中存在的问题及建议 [J]. 金融经济, 2018 (06): 62-63.

[24] 凌绍云. 网络理财中金融消费者权益的法律保护 [D]. 哈尔滨: 黑龙江大学, 2018.

[25] 梁莺. 第三方支付机构跨境支付的法律监管研究 [D]. 上海: 华东政法大学, 2019.

[26] 郭凤花. 我国金融消费者权益问题在银行领域的探究 [J]. 时代金融, 2018 (03): 81-82.

[27] 王毅, 陈欣玥. 金融消费者权益保护的宏观与微观意义 [J]. 中国市场, 2018 (03): 97-101.

[28] 李文芳. 我国金融消费者的权益保护 [J]. 攀枝花学院学报, 2018, 35 (01): 39-43.

[29] 张毓灵. 互联网金融消费者权益保护制度研究 [D]. 合肥: 安徽大学, 2018.

[30] 李欣铭, 张康男. 互联网金融消费者权益保护研究 [J]. 知与行, 2017 (12): 113-119.

[31] 黄洁, 潘星余. 论我国互联网金融消费者权益保护 [J]. 中国石油大学胜利学院学报, 2017 (04): 46-49.

[32] 钟宇. 互联网金融消费者权益保护 [J]. 时代金融, 2017 (32): 62-63.

[33] 李秋月, 张晓晨. 金融消费者权益的法律保护分析与研究 [J]. 法制博览, 2017 (29): 73+72.

[34] 王天宇. 我国存款保险制度研究 [M]. 北京: 中国金融出版社, 2015: 1-13.

[35] 徐乐, 张华. 我国显性存款保险制度的现状及可行性分析 [D]. 南宁: 广西大学, 2017.

[36] 苏婧如. 我国存款保险制度的法律分析 [D]. 长沙: 湖南师范大学, 2016.

［37］刘昌昊. 我国存款保险制度实施合理性及完善措施［D］. 济南：山东大学，2017.

［38］李玖，杨东勤. 中国《存款保险条例》中道德风险法律问题析评和完善（下）［J］. 河北法学，2016（5）：15-17.

［39］李伟贤. 我国存款保险制度中的道德风险及防范措施［J］. 淮北职业技术学院学报，2017（1）：18-25.

［40］金钰. 存款保险制度的中国实践及发展建议［J］. 西南金融，2017（8）：67-70.

［41］周树华. 我国存款保险制度的法律研究［D］. 上海：上海师范大学，2016.

［42］姜苏苏，何兆钰，戚家华. 国内外存款保险制度比较研究［J］. 经济研究导刊，2018（23）：166-170.

［43］耿瑞悦. 我国存款保险制度法律问题研究［D］. 南昌：南昌大学，2016.

二、国外

［1］ Folarin Akinbami. *Financialservices and consumerpro tectionafterthecrisis*［J］. International Journal of Bank Marketing，2011，Vol 29（2）：139.

［2］ Stephen J Lubben. *Beyond True Sales：Securitization and Chapter* 11［J］. New York University Journal of Law & Business，2004.